LUCA "JONTOM" TOMASSINI

NO, È UN UKULELE

Appunti per chi vuole insegnare lo strumento

e chi vuole semplicemente sapere cosa sia

Luca "Jontom" Tomassini

NO, È UN UKULELE

© 2012

ISBN 978-1-4717-3320-8

I EDIZIONE

Settant'anni fa, l'America Cristiana spedì uomini e donne Cristiane alle Hawai'i per portare religione e civiltà. Oggi, tre figli di quei missionari sono nella vostra capitale chiedendovi di cancellare il lavoro dei propri padri. Chi li ha mandati? Chi ha dato loro l'autorità di spezzare la Costituzione che hanno giurato di onorare? Oggi, io, una povera ragazza lontana dalla mia gente, in mezzo a questi presunti uomini di Stato 'Hawaiiani', trovo la forza per alzarmi e reclamare i diritti del mio popolo. Ancora adesso riesco a sentire nel mio cuore il loro lamento e ciò mi da la forza, il coraggio ed io mi sento forte - forte nella mia fede in Dio, forte nella consapevolezza di essere nel giusto, forte nel potere di settanta milioni di persone che in questa terra di libertà ascolteranno il mio lamento e non permetteranno che la loro bandiera ricopra di disonore la mia!

Victoria Ka'iulani Kalaninuiahilapalapa Kawekiu i Lunalilo Cleghorn - Queen Princess of Hawai'i

Indice dei contenuti

Note sull'autore   9

Introduzione   11

Quello che c'è dietro   16

Briciole di storia   21

I figli illeggittimi di Jake   32

Lo studente di ukulele   39

L'animatore del villaggio turistico   45

Il libro per imparare a suonare l'ukulele   52

Honolulu baby   56

La classe mista   64

Come organizzare lezioni   73

L'importanza di un saggio   88

Considerazioni a ruota libera   94

Riferimenti   103

Se non avessi avuto modo di toccare con mano le Hawai'i e la sua gente forse non suonerei l'ukulele. La mia profonda gratitudine va a Joe e Kristen Souza.

Mahalo nui loa.

Note sull'autore

Luca "Jontom" Tomassini è il primo ukulelista professionista nato e formatosi in Italia. Autore dei metodi didattici di YOUkulele LAB per promuovere e diffondere lo studio dell'ukulele, ha insegnato ed insegna tuttora in diverse scuole di musica sparse sul territorio nazionale.

Dopo una formazione di dieci anni sul pianoforte classico, due diplomi in Desktop Music Production e Film Music conseguiti nel dipartimento online del Berklee College of Music di Boston e una formazione da autodidatta su armonica diatonica, basso e batteria, ha iniziato a suonare l'ukulele nella totale assenza di maestri qualificati.

Nel 2010 ha concluso una tournee di due mesi negli Stati Uniti (Hawaii, Tennessee, New Jersey, New York) e partecipato alla prima edizione del MOA (Music On Air) accompagnando sul palco Max Pezzali e Davide Van de Sfroos, nel 2011 ha affrontato una tournee in Australia in occasione del Melbourne Ukulele Festival 2011 (Sidney, Canberra, Brisbane, Castlemaine, Melbourne) ed è stato invitato come ospite internazionale alla 41esima edizione dell'Ukulele Festival Hawaii di Roy Sakuma a Honolulu.

Sempre nello stesso anno è stato promotore e direttore artistico di YOUkulele - Roma Ukulele Festival 2011, festival internazionale di ukulele che alla prima edizione ha raggiunto il tetto delle 1500 presenze.

È ideatore e principale responsabile del portale YOUkulele.com, il sito italiano sull'ukulele che al momento della pubblicazione di questo testo conta circa un migliaio di iscritti, una webtv con programmi dedicati allo studio dello strumento e centinaia di discussioni per appassionati e neofiti nell'apposito forum.

Il suo stile è fortemente influenzato dall'evoluzione più recente dell'ukulele hawaiiano, rappresentata da Jake Shimabukuro ed è un insieme di sonorità in cui ritroviamo blues, folk, pop e musica d'autore.

Per "Jontom" insegnare l'ukulele non significa soltanto trasmettere nozioni musicali fondamentali per andare avanti negli studi ma dare un esempio dell'Aloha Spirit, un codice etico tuttora in vigore alle isole Hawaii, una *gioiosa* (oha) *condivisione* (alo) che è parte integrante di questo strumento.

Introduzione

Insegnare ad amare la musica con la "pulce saltellante", uno degli strumenti a corda più semplici, ci permette di accantonare in un primo momento l'aspetto più serioso dello studio musicale per iniziare a suonare un accordo sin dai primi minuti. Non è un caso che siano sempre di più le scuole statunitensi che hanno scelto di utilizzare l'ukulele come mezzo propedeutico all'educazione musicale.

Insegnare ad amarlo non è difficile: è un discorso che parte da migliaia di kilometri di distanza, nel bel mezzo dell'oceano Pacifico, fra regine, principesse, pescatori e si tramanda fino ai giorni nostri nella totale assenza di testi scritti. Sfido chiunque nel resistere al fascino di quell'arcipelago.

Proprio perché mancano dei libri "ufficiali" su cui studiare lo strumento e tutto viene ereditato dagli insegnamenti di un tempo, credo sia necessario tracciare alcune linee guida per fare in modo che lo studio risulti ugualmente divertente, proficuo, rispettoso delle tradizioni musicali e dello spirito con cui vengono tramandate. Al tempo stesso, proprio perché ritengo questo strumento fortemente legato alle proprie origini, credo sia quantomeno necessario parlare di Hawai'i, della sua gente e del misticismo che continua a regnare in maniera più o meno vaga attorno alle isole. Ritengo sia solo tramite la consapevolezza di avere fra la mani le leggende di un tempo che riusciamo a capire fino in fondo il fascino di un ukulele.

Ormai sono diversi anni che lo insegno presso associazioni culturali e scuole di musica, ho elaborato diversi metodi di studio e devo dire che mi sono stati di enorme aiuto durante le mie lezioni. Più che altro mi sono serviti per darmi un programma da rispettare, gli argomenti che avrei trattato a lezione e una sequenza quantomeno logica di tappe programmate in anticipo, cercando di evitare argomenti impossibili per focalizzare di più l'attenzione sulle tecniche per principianti.

Uno degli obiettivi di questo testo, quindi, è promuovere la realizzazione di corsi di ukulele di media e lunga durata rivolti a bambini e adulti, offrire un approccio diverso alla didattica musicale, pianificare un programma di studio, fornire ai docenti gli strumenti e le risorse necessarie per gestire una classe di medie dimensioni e più semplicemente, vorrebbe rispondere correttamente alla domanda "Ma che è? Una chitarrina?".

Suonare l'ukulele nella mia città a volte può essere frustrante. L'ho detto e lo ripeto anche qui prima ancora di scrivere il libro vero e proprio. È inutile girarci intorno. Il più delle volte ti senti quasi costretto a spiegare cosa hai tra le mani e durante la tua piccola esibizione ti sembra quasi di percepire il flusso dei pensieri di chi ti sta davanti.

"Si beh, come strumento è carino."

"Non pensavo che da una chitarrina così piccola potesse uscire un suono così bello!"

"Amore hai visto? Un banjo!"

È anche per questo che ho deciso di mettermi a scrivere, rivolgendomi ad una classe di docenti un po' particolari che ad essere sinceri ancora non esiste. Mi piacerebbe che ci fosse e si facesse sentire e che dalla mia esperienza sul campo ne venga fuori eventualmente qualche consiglio utile. Mi piacerebbe che chiunque si avvicinasse al nostro strumento iniziasse a masticare qualche concetto di un codice etico che ho avuto modo di conoscere, l'*Aloha Spirit*, tuttora in vigore alle isole Hawai'i.

Innanzitutto, però, vuole aiutarti a capire l'immenso bagaglio socio culturale dello "strumento della pace" per antonomasia o più semplicemente farti rendere conto che non è un banjo o un mandolino: è un ukulele e non si suona esattamente come una chitarra. È un po' diverso. Ti mostrerà l'amicizia, il perdono e la "potenza divina" che eccezionalmente trovano vita in quello che da molti continua ad essere definito in maniera riduttiva uno strumento giocattolo. Trey Terada, produttore hawaiiano di successo, ricorderà in un'intervista "L'ukulele va rispettato! Non è solamente uno strumento musicale ma uno stile di vita... una cultura a parte!" ed è esattamente in questo modo che dovrebbe essere visto.

Tuttavia non voglio correre il rischio di idolatrare uno strumento musicale e per quanto possa essere affezionato a questo argomento mi guarderò bene dall'esprimere giudizi universali e sentenziare concetti inappellabili. Cercherò di non varcare mai la sottile linea di confine che separa l'equilibrio dal fanatismo quindi ti prego, non prendere questo libro come un metodo rigoroso con cui insegnare l'ukulele perché di fatto non credo nemmeno che esista. Non pensare che io sia depositario di chissà quale verità o che dia giudizi assoluti e non cadere neanche dalle nuvole se ogni tanto prenderò il discorso alla lontana. Sì, darti dei consigli su come insegnare questo strumento ad altre persone è uno degli obiettivi a cui accennavo prima ma se mi limitassi soltanto a questo aspetto probabilmente non suonerei questo strumento. L'ukulele è anche altro, un mondo affascinante e contraddittorio e per arrivare a capirlo, lascerò tranquillamente da parte i concetti più accademici per concentrarmi sullo spirito delle isole e lasciarti cullare dalle onde.Non sei nemmeno tenuto a leggere questo libro tutto d'un fiato, dall'inizio alla fine. Prendi le parti che più ti interessano e tirale fuori all'occorrenza. Sono solo appunti un po' romanzati di un ukulelista, senza neanche troppe pretese, una specie di diario di viaggio sugli anni che ho passato ad insegnarlo mentre tutti gli altri prima di tutto si interrogavano su cosa fosse, le mie considerazioni ed i miei consigli per chi vuole provare a buttarsi in quella che attualmente potrebbe diventare una professione ma per il numero talmente esiguo di gente che lo fa, a volte senza neanche cognizione di causa, ancora non lo è.

Sono i miei appunti mentre mi trovavo in giro fra le isole di Oahu e Maui, mentre camminavo nell'Iao Valley State Park e osservavo il teatro di vecchie battaglie, mentre prendevo il sole a Lanikai Beach e molto più banalmente, mangiavo yogurt nei centri commerciali. Sono le mie riflessioni mentre tornavo in treno, dopo aver insegnato ukulele a centinaia di kilometri lontano da casa. Forse non saranno nemmeno politicamente corrette. Ma tanto ormai il tono me lo sono già dato quindi direi che possiamo cominciare.

Quello che c'è dietro

Nelle isole Hawai è in vigore dal 1926 una legge non scritta, l'*Aloha Spirit*, un codice etico su cui si reggono le basi della tradizione più antica: dedizione, pace, compassione e misericordia. Il nome deriva dalla famosa Aloha Tower, costruita appunto in quell'anno, che si staglia pochi kilometri a sud di Pearl Harbor. Ad oggi è sede di un centro commerciale, ad onor del vero neanche così memorabile... L'Ala Moana Shopping Center nel cuore di Waikiki, vince a mani basse.

Più in generale, l'*Aloha Spirit* è un'attitudine amichevole e gioiosa per cui il popolo hawaiiano è conosciuto in tutto il mondo. Non mancano i risvolti religiosi per cui condurre una vita secondo questi principi porrebbe l'uomo in sintonia con il potere divino, *mana*, che risiede in ogni espressione di vita sulla Terra. Lungi da me sapere se funzioni o meno.

Agli occhi modernizzati di un occidentale, il tutto sembrerebbe riassumersi con una semplice inclinazione verso la positività in tutte le sue accezioni, compresa la musica. Ed è proprio quest'ultima un bagaglio culturale e religioso a cui gli hawaiiani restano particolarmente legati. Nella scarsità di testi e documenti storici, la musica rappresenta di fatto una memoria collettiva delle isole e uno strumento importantissimo per celebrare il legame con il proprio essere e con la natura circostante.

Mi ricordo un aneddeto raccontato da Joe Souza, Maestro liutaio a capo dell'importante brand hawaiiano Kanile'a, circa l'arrivo negli anni sessanta della corrente elettrica dall'altra parte dell'isola di Oahu, il Windward Side "...E come per ogni altra cosa, gli hawaiiani decisero di comporre una canzone!".

Alle Hawai'i, prima di qualsiasi cerimonia di rilievo si è soliti rivolgere un *mele*, la preghiera di buon auspicio, verso le divinità del luogo. È un modo per ringraziare e venerare la natura, unire la mente con il corpo e lo spirito, rinnovare il legame con il proprio passato e chiedere il permesso per svolgere l'evento. È un modo per riconciliarsi con il potere divino a cui accennavo prima. Ho avuto modo di assistere ad uno di questi riti, pronunciato rigorosamente in hawaiiano da Danny Kaleikini, in occasione del 41esimo Festival dell'ukulele a Honolulu. Venti minuti per rinnovare il proprio *Aloha Spirit* che ad onor del vero, si sta perdendo sempre di più nella marea di turisti che con la tavola da surf sotto il braccio popolano le spiagge di Waikiki. Vaglielo a dire all'hawaiiano che a volte non trova nemmeno cinque minuti per fare *body surfing*...

Da questo si inizia a capire come il concetto di preghiera sia fondamentalmente diverso da ciò a cui siamo abituati ed è sufficiente guardarsi intorno per rendersi conto di come in effetti le isole Hawai'i si siano civilizzate con un occhio di riguardo nei confronti dell'ambiente. Sull'isola di Oahu, ad esempio, le montagne Ko'olau restano intatte non presentando la minima traccia di edilizia sfrenata nè tantomeno l'asfalto per raggiungerne la cima.

Tuttavia quello che c'è dietro, quello che per molti aspetti viene nascosto dalla facciata dichiaratamente giocosa di un ukulele, è un territorio profondamente mutato. L'anima che batte nel cuore dei vulcani credo sia rimasta intatta ma è indubbio che pur mantenendo un preciso equilibrio urbanistico, lo stile di vita abbia virato decisamente verso un atteggiamento più "americano". L'*american dream* è arrivato anche in questo arcipelago a metà strada fra Asia e Americhe e parallelamente sono iniziate a fioccare magliette con riportato "Respect the culture" per tutelare l'anima del popolo che progressivamente sta diventando sempre più confusa.

Sono i periodi in cui le famiglie hawaiiane fronteggiano le nuove ondate di imprenditori giapponesi che lentamente stanno rilevando Waikiki in una seconda ipotetica battaglia, molto più silenziosa di quella a Pearl Harbor. Sono i giorni in cui i traghetti per spostarsi da un'isola all'altra vengono banditi in favore degli aerei di linea ed i senzatetto pullulano per le strade di Honolulu alla ricerca di plastica da riciclare per pochi centesimi.

Nel 1898, all'alba di un nuovo governo, la Principessa Ka'iulani veniva nominata nei cuori della gente *Queen Princess*, portando con sè lo spirito del suo popolo che tanto a lungo aveva difeso. Nello stesso anno, le Hawai'i la vedevano spegnersi alla giovane età di 23 anni. La leggenda sussurra che sia morta per il cuore spezzato dalla perdita della sua terra che di lì a poco sarebbe stata dichiarata ufficialmente territorio degli Stati Uniti. L'anima del popolo hawaiiano non credo sia cambiata ma il contesto in cui vive nel nuovo millennio appare completamente rivoluzionato rispetto alle antiche abitudini. E anche questa volta "... gli hawaiiani composero una canzone!" Ciò che è successo nel tempo che improvvisamente ha iniziato a correre anche laggiù credo sia perfettamente inquadrato nel testo di "Hawai'i '78", scritta a quattro mani da Micky Ioane, Abe Keala, Cleyton Kua e David Crowley alla fine degli anni settanta e resa celebre anni dopo dai Makaha Sons of Ni'ihau dei fratelli Kamakawiwo'ole. C'è chi la definisce addirittura l'inno nazionale non ufficiale delle isole.

Credo sia importante trasmettere la tradizione, avere una minima idea di ciò che sia successo nel 50esimo stato dell'Unione, meglio conosciuto come *Aloha State* e di come sia stato molto spesso riportato in musica dal nostro strumento. Non si tratta soltanto di uno studio sistematico di scale e armonie ma piuttosto la prosecuzione ed evoluzione di una storia attraverso la quale può crescere la nostra espressività ed il rispetto nei confronti di un ukulele che abbiamo appena iniziato a suonare. In punta di piedi, per carità. Non siamo nati laggiù e sarebbe fin troppo semplice divinizzare un popolo così affascinante e delle tradizioni così lontane dalle nostre. Tuttavia, niente e nessuno ci vieta di avvicinarci quel tanto che basta per provare a comprendere quei concetti che reputo universali e assolutamente imprescindibili per chi ha intenzione di suonare uno strumento così legato alle sue origini.

Briciole di storia

La leggenda narra che nel 1879 João Gomes da Silva, un portoghese appena sbarcato dalla Ravenscrag alle isole Hawai'i, mostrò al popolo un aggeggio destinato a diventare il loro strumento tradizionale: una chitarra costruita con legno di pino, talmente piccola che sei corde sopra quel manico non sarebbero state neanche lontanamente immaginabili. Ne aveva soltanto quattro e lo chiamavano *braguinho* ma gli hawaiiani ci misero poco a ribattezzarlo *jumping flea*, la pulce saltellante - in hawaiiano 'uku' pulce e 'lele' saltellante - per la velocità con cui un altro passeggero della stessa nave, João Fernandes, era in grado di suonarla. Almeno, questa sembra essere l'ipotesi più probabile circa il nome dello strumento. Sembrava quasi che le sue dita danzassero sopra le corde. Era il primo modello di ukulele, il Soprano, che col tempo conoscerà altre taglie leggermente più grandi, in ordine Concert, Tenor e Baritone.

Fernandes ebbe l'occasione di suonare l'ukulele a corte per il Re Kalakaua, la Regina Emma e la futura ultima regina regnante alle isole Hawai'i, Lydia Lili'uokalani. Erano i periodi dei *luau* sulla spiaggia, quelle feste lunghe una notte intera con musiche e balli tradizionali. Sarei pronto a scommettere sul coinvolgimento di João e del suo ukulele, tuttavia credo che l'enorme favore di pubblico che di lì a poco iniziò a riscuotere il suo strumento fu dovuto essenzialmente all'ultimo monarca hawaiiano, Lili'uokalani, conosciuta dalla sua gente anche per via del suo talento musicale. Accompagnandosi di tanto in tanto anche con l'ukulele, riversava nelle sue canzoni sentimenti di pace e al tempo stesso preoccupazioni verso la situazione politica del tempo che di lì a poco sarebbe inevitabilmente deteriorata fino alla caduta della monarchia nel Gennaio del 1893.

Ti riporto un breve passaggio dalle sue memorie:

Comporre mi veniva naturale quanto respirare; e questo dono della natura non si spense mai, rimanendo per me una delle più grandi consolazioni fino ai giorni d'oggi. [...] Ore in cui non mi è ancora stato dato modo di parlare, che avrei potuto trovare oltremodo lunghe e solitarie, sono passate in fretta e con il sorriso, riempite e cullate dall'espressione dei miei pensieri in musica.

La Regina Lili'uokalani in realtà regnò alle isole Hawai'i per un periodo piuttosto breve, dal 1891, anno in cui morì Re Kalakaua, fino alla caduta della monarchia due anni più tardi. Se da un lato il popolo trovava il tempo per divertirsi in spiaggia, dall'altro i *kanaka*, la popolazione locale, perdeva silenziosamente i propri diritti durante il processo lungo e doloroso di annessione agli Stati Uniti. Era nelle intenzioni dei proprietari terrieri mantenere il pallino del comando in favore di accordi e scambi commerciali più vantaggiosi difatti, il primo colpo di stato fu condotto proprio da loro che dopo essersi riuniti nell'Hawaiian League, nel 1887 obbligarono il Re Kalakaua a firmare una nuova costituzione, la Bayonet Constitution, con un pistola puntata alla tempia. I suoi privilegi venivano drasticamente ridotti così come il diritto al voto, ormai prerogativa dei ceti più alti. Ironicamente, il 75% della popolazione nativa veniva estromessa.

Soltanto a distanza di anni, grazie all'opera congiunta della Principessa Ka'iulani e di Sanford Ballard Dole, unico presidente della temporanea Repubblica delle Hawai'i e primo governatore hawaiiano nominato dal congresso degli Stati Uniti, i *kanaka* tornarono a votare.

Con l'annessione agli Stati Uniti c'è da riconoscere che i vantaggi auspicati dalla Hawaiian League non tardarono ad arrivare. Non sta a me discutere sul prezzo che sia stato pagato ma piuttosto sottolineare l'apertura di questi territori, fino ad ora relativamente chiusi in sé stessi, verso un imminente periodo di scambi culturali.

Portare la pulce saltellante sulla terraferma fu inevitabile, era abbastanza piccola e leggera da poter essere trasportata comodamente in barca per fare compagnia ai pescatori in viaggio nell'Oceano Pacifico e al tempo stesso rappresentava, come d'altronde succede anche oggi, un ottimo souvenir del luogo per i numerosi turisti provenienti dalla California.

Fino al 1920 fu un successo senza precedenti: sulla West Coast hollywoodiana, attori e musicisti iniziarono ad usare l'ukulele sempre più frequentemente ed il pubblico sembrava averlo accolto a braccia aperte. Il primo effetto, forse un po' collaterale, fu una storpiatura nella pronuncia - da 'oo-koo-lay-lay' a 'yoo-ka-lay-lee' - mentre il secondo, forse un po' più nobile, fu rappresentato dalla maniera assolutamente impeccabile con cui Roy Smeck, polistrumentista degli anni venti meglio conosciuto come "il mago delle corde" presentava questo strumento al grande pubblico. Nel suo repertorio trovavano spazio virtuosismi e accompagnamenti ritmici suonati ad altissima velocità. Inoltre, aiutato dalle dimensioni ridotte dello strumento, Smeck era solito abbinare qualche giochetto acrobatico come il farlo roteare fra le sue braccia, lanciarlo in aria o più semplicemente allontanarlo dal corpo durante un'esecuzione. Uno spettacolo per gli occhi e le orecchie del pubblico pagante.

Ben più pacata invece era l'esibizione del duo comico composto da Stan Laurel e Oliver Hardy che nel 1933 consegnò alla storia uno dei brani tuttora molto richiesti nei club di ukulele sparsi per il mondo: Honolulu Baby.

Era il periodo del ragtime, delle sale da ballo ma anche il preludio alla Grande Depressione che di lì a poco colpirà in maniera inesorabile gli Stati Uniti, segnando l'inizio di un breve declino sulla terraferma per la piccole pulce hawaiiana.

Dall'altra parte dell'oceano, nel vecchio continente, toccava a George Formby e al suo *banjolele*, uno strumento ibrido dalle sonorità più squillanti del Soprano ricavato dal manico di un ukulele e la cassa di un banjo, proseguire ciò che avevano iniziato i primi performers statunitensi. La piaga che stava affliggendo l'economia statunitense non aveva investito l'Inghilterra di Churchill per cui l'ukulele non faticò molto a ritagliarsi la propria finestra nello showbusiness britannico. La diffusione avvenne piuttosto rapidamente tanto che ai giorni nostri, grazie anche alle esibizioni in giro per il mondo dell'esilarante Ukulele Orchestra of Great Britain, il paese viene ancora considerato come la culla europea di questo strumento. L'ukulele iniziò ad entrare nelle case della gente e diventò ben presto un oggetto da collezione da far suonare a figli e nipoti, affascinati da quella strana chitarra hawaiiana.

Negli anni sessanta, anche la nascente cultura pop poggiò le mani sulla piccola pulce saltellante. Era inevitabile. I Beach Boys facevano il tutto esaurito nei loro concerti in California, Tiny Tim irrompeva grottescamente in televisione con la sua versione di "Tip Toe Through the Tulips" e Marylin Monroe lo strimpellava nella commedia di Billy Wilder "Some Like it Hot" mostrandolo nuovamente sul grande schermo. Più in generale, stava nascendo la moda del surf ed i tempi bui che poco tempo prima avevano afflitto il paese sembravano ormai un ricordo sbiadito.

Tuttavia, credo che la grande fama che investì nuovamente questo strumento e ancor di più le Hawai'i come rinnovato polo turistico a largo della West Coast, fu dovuta principalmente ad Elvis Presley, il Re, in assoluto il cantante più popolare del momento idolo fra gli adolescenti ribelli e chi batteva il piede a tempo di rock'n'roll.

La prima visita di Elvis nelle isole risale al 1950. Rimasto affascinato dal luogo, decide di girarci tre film, "Blue Hawai'i", "Girls Girls" e "Paradise, Hawaiian Style", scrivendo di fatto tre cartoline indelebili su quel piccolo paradiso tropicale che di lì a poco sarebbe improvvisamente tornato di moda.

Nell'arco di ventisette anni tiene diversi concerti fra cui non possiamo dimenticare "Elvis, Aloha from Hawai'i" all'Honolulu International Convention Center trasmesso in mondovisione il 14 Gennaio del 1973. Del film "Blue Hawai'i" mi piace ricordare la sua interpretazione di "Aloha Oe", anche per via della scena paradossale in cui viene rappresentata: quattro hawaiiani in barca di cui uno con conchiglia e un altro con chitarra. L'ukulele non appare mai sullo schermo mentre è evidente che questa versione del brano presente nel film, sia stata arrangiata quasi esclusivamente su questo strumento utilizzando la tecnica del tremolo, peraltro molto diffusa fra gli ukulelisti delle isole.

Nel 2002, la Disney Pictures nel cartone animato "Lilo & Stitch", ambientato idealmente nell'isola di Kauai, riprende il mito di Elvis vestendo il personaggio di Stitch con un ukulele e la parrucca del Re.

È anche alla luce di questi episodi che mi sembra piuttosto evidente l'importanza della sua figura per la promozione e diffusione dell'ukulele, un'immagine impressa nella memoria collettiva di diverse generazioni fino ai giorni d'oggi.

Forse perché il rock'n'roll non era considerato una musica di nicchia e forse anche perché i nuovi mezzi di comunicazione permettavano a lui e ad un altro artista di quegli anni, Tiny Tim, una diffusione ancora più efficacie.

È importante spendere due parole in più anche su quest'ultimo personaggio, al secolo Herbert Khaury, nato a New York durante gli anni della Grande Depressione. Tiny Tim, viene ricordato fra gli appassionati soprattutto per l'aspetto giocoso che ormai sembra nascondersi fra le corde di questo strumento. Nel 1968 pubblicava il suo album "God Bless Tiny Tim" contenente all'interno la cover di un vecchio pezzo popolare del 1929 "Tip Toe Through the Tulips". Fu l'inizio di una fulminea popolarità per il musicista americano che ad onor del vero, forse andrebbe ricordato di più per il suo istrionismo in scena e le sue doti canore fuori dal comune più che per le sue qualità di ukulelista. In effetti, anche dopo trent'anni di carriera, lo stile con cui suonava il suo ukulele era rimasto identico, piuttosto semplice e piatto, lontano dai picchi di tecnica che mostrava Formby e lontano anni luce dai giochi di prestigio del "mago delle corde" hollywoodiano. Ma forse era anche questo il suo punto di forza e dopo averlo ascoltato per un po', mi sembra un po' troppo semplice e riduttivo ridere di lui senza cercare di leggere tra le righe.

Tiny Tim sfruttò la potenza del nuovo media, la televisione, che rapidamente stava entrando nelle case di milioni di americani. Grazie al suo stile scanzonato e soprattutto all'intelligente repertorio composto per lo più da brani famosi riarrangiati sull'ukulele, non ci mise molto a conquistare il favore del pubblico.

Ho speso un paio di paragrafi su questo personaggio perché credo rappresenti il primo punto di rottura con la tradizione ed è tuttora oggetto di discussione fra appassionati ed esperti del settore. Ha contribuito alla crescita del nostro strumento? Era un musicista valido o soltanto un intrattenitore privo di gusto musicale, abbastanza furbo nel presentare brani che la gente aveva già fatto propri? Lascio a te la dovuta conclusione. Se da un lato, l'aspetto più romantico e musicale è stato trasmesso da Elvis Presley, dall'altro abbiamo l'immediatezza, la facilità e la simpatia con cui Tiny Tim è stato in grado di imporsi al pubblico.

Nei circoli di ukulele in giro per il mondo, assistiamo più che altro a quest'ultimo aspetto per cui la gente di tutte le età si avvicina all'ukulele. Per lo più si tratta di adulti che magari in passato hanno assistito in prima persona alle esibizione dei sovracitati o hanno più semplicemente cambiato canale nell'istante in cui Tiny Tim era in onda.

Di sicuro non possiamo dire che quest'ultimo sia conosciuto anche fra i giovani che varcano la soglia delle scuole di musica. Era più che altro un fenomeno televisivo del tempo che nonostante i vari tentativi di tornare sulla cresta dell'onda ebbe fra l'altro, una vita artistica piuttosto breve. La sua ascesa fu abbastanza rapida così come il suo declino: a nulla valsero i tentativi durante i suoi ultimi anni di vita, nel riproporre pezzi metal e hard rock sulla pulce saltellante. La televisione lo aveva già fagocitato e digerito.

Potrei dilungarmi nel citare tanti altri esempi di musicisti acclamati che utilizzarono l'ukulele nelle proprie canzoni. Ad esempio George Harrison che oltre ad avere composto pezzi indimenticabili su questo strumento, dovrebbe essere ricordato anche per la tecnica sopraffina, quasi hawaiiana con cui lo suonava. E come non dimenticare i dischi recenti di Amanda Palmer o Eddie Vedder, metà dei miei alunni ormai si iscrivono ai corsi per merito loro! In un modo o in un altro credo abbiano contribuito tutti, chi più chi meno, a riportare i riflettori sulla pulce saltellante.

Tuttavia i musicisti di oggi, gli aspiranti ukulelisti o chi vorrebbe realmente imparare lo strumento e non soltanto farsi una vaga idea delle sue potenzialità, sono tutti accomunati dall'ombra di una giovane stella internazionale che ha cambiato la pelle all'ukulele per l'ennesima volta, portandolo a livelli che nessun altro musicista aveva mai nemmeno lontanamente sfiorato: Jake Shimabukuro.

I figli illeggittimi di Jake

In un'ipotetica classe di ukulele abbiamo sempre a che fare con due gruppi: gli studenti che non si sarebbero mai sognati di prendere in mano uno strumento e quelli che invece l'hanno già fatto, sanno cosa vuol dire e soprattutto hanno ben chiaro in mente fin dove vogliono arrivare. Il primo gruppo è il più tosto. Più che altro perché ai loro occhi si presentano un mare di novità che molte volte non riescono a mettere a fuoco: etichettano una tablatura intermedia come materiale irraggiungibile non rendendosi conto che invece, con un minimo di applicazione e curiosità, si potrebbe arrivare ben oltre. Inoltre, nei momenti di difficoltà reale e tangibile si lasciano andare a delle conclusioni fin troppo drammatiche - non sono abbastanza bravo! - che a lungo andare rischiano di allontanarli definitivamente dallo strumento. Sono persone che hanno scelto di fare entrare la musica nelle loro vite dal lettore CD e quando iniziano a suonarla per la prima volta non riescono a giudicare con onestà il proprio livello: si sentono fenomeni e pagliacci, talentuosi e anonimi. Mettono in dubbio il loro "orecchio", tendono molto spesso a complicarsi la vita nell'idea che suonare qualcosa sia un obiettivo a loro precluso e per questo motivo finiscono col rendere i primi passi su uno strumento molto più complicati di quello che sono in realtà. Non è un caso che le frasi che pronuncio di più durante i primi mesi a lezione siano tutte estremamente rassicuranti, nel tentativo di mostrare loro quanto in realtà sia molto più semplice di ciò che stanno provando a fare ormai da dieci minuti, intrecciando diecimila dita mentre il polso lentamente diventa un pezzo di granito.

Il secondo gruppo invece, chi di musica già capisce qualcosa, molto spesso è composto da chitarristi o comunque persone che hanno già avuto il primo contatto con uno strumento musicale. Non conta molto l'età a cui scelgono di avvicinarsi all'ukulele, più o meno tutti hanno già visto il famoso video di Jake Shimabukuro in cui reinterpretava un classico dei Beatles scritto da George Harrison "While My Guitar Gently Weeps" mescolando tecniche di fingerpicking con altri stili musicali, dal flamenco al rock. Non conta l'appartenza al primo o al secondo gruppo: arriverà un momento in cui mostrerò a tutti loro un video di Jake e da allora niente sarà come prima.

La stella dell'ukulelismo mondiale nasce ad Honolulu il 3 Novembre 1976 e sin da piccolo mostra una particolare predisposizione per lo studio della musica. In diverse interviste non perde occasione di ricordare i suoi primi incontri con i brani suonati dalla madre su un vecchio ukulele. A quattro anni è proprio lei a regalarglienne uno e di lì a poco inizia a studiare alla scuola di Roy Sakuma, il principale Maestro di ukulele nell'isola di Oahu nonchè Direttore Artistico dell'Ukulele Festival Hawai'i giunto ormai alla 42esima edizione. Roy Sakuma lo ricorderà come uno studente modello, sempre preparato, che fra una lezione e l'altra aveva il tempo di perfezionare ogni esercizio con una dedizione assoluta e quasi maniacale per il proprio strumento.

È il 1998, Jake ormai è un ventenne che inizia a i girare i locali delle isole suonando dapprima con il gruppo Pure Heart ed in seguito con i Colon. Era il periodo dei Ka'au Crater Boys di Troy Fernandez e di Israel "Iz" Kamakawiwo'ole che dopo avere abbandonato i Makaha Sons of Ni'ihau per tentare la carriera solista, accendeva nuovamente i riflettori sulle Hawai'i grazie al successo planetario del medley di "Over the Rainbow" e "What a Wonderful World".

È attraverso questi due gruppi che Jake inizia a guadagnare un po' di notorietà, vincendo in entrambe le formazioni il prestigioso Na Hoku Hanohano Award, l'equivalente hawaiiano dei più famosi Grammy Awards.

Pochi anni più tardi, nel 2001, Jake decide di andare avanti per conto proprio e tentare anche lui una carriera solista. Il punto di svolta può essere considerato il suo concerto al Northcote Social Club di Melbourne, Australia.

Quella sera ci fu il tutto esaurito e la cosa assunse dei risvolti ancora più importanti considerando il tipo di concerto: un ukulelista solista che si presentava al pubblico con un paio di effetti per chitarra ed un repertorio esclusivamente strumentale. Il concerto fu un successo senza precedenti ed i giornali locali impazzirono rimbalzando echi di gloria sulle spiagge di Honolulu.

Tornato alle Hawai'i la sua popolarità era giunta ormai alle stelle e non ci volle molto per diventare il primo ukulelista messo sotto contratto dalla Sony Japan. Mi ricordo un concerto al Maui Arts and Cultural Center in cui citava questo episodio parlando di quanto quel contratto giungesse inaspettato: per poter firmare era necessario essere rappresentati da una società di management così Jake si affrettò a creare in fretta e in furia la Toastman Inc., celebrando di fatto la sua smisurata passione per i sandwich mattutini.

Lo stile di Jake Shimabukuro si riconosce sin dalle prime note. A differenza dei suoi precursori, traccia un percorso completamente nuovo spostando l'ukulele su territori musicali prima d'allora inesplorati. Ripenso al ragtime di Roy Smeck e George Formby, allo stile per certi versi più tradizionale in cui lo suonava l'anticonformista Elvis e a tutti gli altri musicisti che pur avendolo inserito in contesti nuovi, non si discostavano poi così tanto dalla concezione iniziale che vedeva l'ukulele come uno strumento squisitamente ritmico. Per la prima volta si ascoltano delle frasi musicali che siamo soliti associare alla musica rock, all'intensità di un fraseggio blues ed al virtuosismo nell'eseguire gli arpeggi a velocità difficilmente raggiungibili. Nella musica strumentale di Jake Shimabukuro assistiamo ad un quadretto di diversi generi musicali assemblati fra loro, non è soltanto virtuosismo ma piuttosto una perfetta armonia ed equilibrio fra stili musicali temporaneamente compatibili, suonati con una padronanza assoluta della tecnica ed un'espressività difficile da riscontrare in uno strumento che fino ad allora era stato utilizzato solo in parte, quasi esclusivamente per accompagnare una linea vocale.

Credo rappresenti il secondo momento di rottura con tutto ciò che aveva significato l'ukulele in passato ma a differenza di Tiny Tim che lo presentava per la prima volta sotto una chiave di lettura decisamente grottesca e umoristica, Jake sembrava ridargli quella dignità che era stata presa momentaneamente in prestito, tagliando i ponti con la tradizione attraverso un utilizzo dell'ukulele completamente rinnovato, all'interno di un contesto musicale decisamente più moderno ed estremo.

Nonostante lo stile innovativo e la quasi totale assenza di elementi musicali con dei rimandi all'ukulele di inizio Novecento, Jake Shimabukuro non nasconde le sue radici continuando a narrare episodi della vita di tutti i giorni, perfettamente in linea con la tradizione hawaiiana. Non abbiamo più i miti di un tempo che accompagnavano i pescatori a largo delle coste ma i ricordi di un bambino alla pompa di benzina, le prime apparizioni dei *pager*, i cercapersone precursori dei telefoni cellulari, l'enorme rispetto che il popolo hawaiiano tenta di preservare nei confronti della natura in tutte le sue forme.

È forse per questi motivi che Jake Shimabukuro, il Jimi Hendrix dell'ukulele, viene rispettato e stimato da sempre più persone. Perché anche lui, proprio come George Formby, parla al suo pubblico solo che a differenza dell'inglese ci riesce attraverso le note e la sua attitudine positiva, tipica di un hawaiiano a cui credo sia stato inculcato a fondo l'*Aloha*. Intrattiene il suo pubblico e chiunque sia stato ad un suo concerto commenta con stupore il fatto di non essersi mai annoiato, pur avendo assistito ad un paio d'ore di brani strumentali. È particolarmente attivo in iniziative di stampo sociale e non perde occasione durante i suoi concerti di ricordare ai ragazzi i pericoli delle droghe. Ormai siamo abituati a sentirci dire *Stay hungry, stay foolish*; al decimo concerto di Jake probabilmente ripeteremmo insieme a lui *Stay drug free*.

Se riflettiamo ai motivi per cui hai scelto di suonare uno strumento ci troveremo tutti d'accordo: abbiamo bisogno di un modello da cui prendere spunto. Spesso si tratta di una canzone che vorremmo suonare, altre volte di un genere musicale che prediligiamo o un musicista che ammiriamo. Jake è probabilmente quel modello a cui aspirano milioni di ukulelisti sparsi nei cinque continenti.

Lo studente di ukulele

Per me, scegliere di fare musica, molto spesso è il passo successivo ad una dichiarazione d'amore per uno strumento musicale. È la voglia di andare oltre il primo incontro per iniziare una relazione lunga e duratura spinti della passione e del divertimento. Che si tratti di infatuazione o di amore vero, sarà il tempo a deciderlo.

Però talvolta mi chiedo come possa essere possibile aspettarsi un comportamento simile da un bambino di cinque anni che molto spesso viene privato di riferimenti musicali da cui far nascere quella scintilla. Per carità, è ovvio e altamente consigliato fargli ascoltare musica a partire dai primi anni d'età ma il grado di coinvolgimento non sarà mai paragonabile a quello di un quindicenne desideroso di lanciarsi in assoli interminabili. Magari percepirà quelle melodie come semplice rilassamento prima di andare a fare le nanne oppure riuscirà a intravedere il lato giocoso dietro l'intera faccenda, comunque sia non potremo aspettarci la stessa profondità d'ascolto di una persona già ampiamente formata.

Per la mia breve esperienza nell'insegnamento musicale, ho capito che non è tanto importante insegnare una scala di Do quanto piuttosto trasmettere la voglia e la passione a cui accennavo prima, nell'affrontare lo studio che ne prevede l'esecuzione. Dobbiamo stimolare la curiosità, la voglia di continuare a studiare a casa dopo la lezione a patto però che non diventi fine a sé stessa per chi dallo strumento pretende soprattutto musica con cui passare il tempo. Detto in altri termini, dobbiamo ricondurre la musica ad uno dei suoi bisogni primari: il divertimento e l'espressione, talvolta anche corporea, di noi stessi. È fondamentale per la costruzione di una base musicale solida e al tempo stesso, sana.

Tutto questo diventa ancora più semplice quando lo strumento da suonare è immediato e di facile apprendimento come un ukulele. Basta solamente un dito e siamo già sui blocchi di partenza con l'accordo di Do maggiore.

Lo stesso ragionamento può essere valido anche per gli adulti. Non vedo per quale motivo si debbano sentire tagliati fuori. Ad eccezione di chi uno strumento già lo suona, molto spesso si avvicinano all'ukulele non essendosi mai interessati agli studi musicali. Mi capita di ricevere email con la seguente domanda "Non ho mai suonato uno strumento in vita mia e credo di essere l'antimusica per eccellenza!" quindi credo che la prima cosa da fare all'inizio di qualsiasi corso sia dare subito in mano agli studenti qualcosa con cui potersi divertire, senza troppo indugiare sulle regole rigide che ci vengono imposte dalla teoria musicale.

Iniziare subito con delle nozioni teoriche significherebbe nella maggior parte dei casi allontanarli, confermargli il motivo per cui non si sono mai interessati alla musica prima d'ora e per ultimo privarli dei tesori che tutti noi musicisti conosciamo. Così facendo, il primo incontro con il tuo studente di ukulele non andrebbe a buon fine. Tornerebbe a casa frustrato e probabilmente nel giro di un mese non lo vedresti più.

Chiaramente non è il caso dei chitarristi o di altri musicisti che vogliono provare l'esperienza hawaiiana. Tuttavia c'è sempre un alone di irriverente superficialità nell'avvicinarsi all'ukulele considerandolo a volte come una chitarra con due corde in meno, altre volte come un semplice giocattolo con cui passare il tempo lontano dai propri amati strumenti.

Quest'approccio nell'avvicinarsi ad uno strumento "giocattolo" piuttosto che ad uno più serioso probabilmente è dovuto ai connotati scanzonati che gli sono stati affibiati, talvolta involontariamente, da alcuni dei suoi principali esponenti. Avevo già accennato a George Formby, musicista di indubbio talento e attore che utilizzava l'ukulele soprattutto per veicolare i suoi testi ironici e pungenti. Vediamo di approfondirne la figura e provare a fare chiarezza.

A differenza dei colleghi statunitensi, Formby era in grado di proporre una musica più semplice e forse anche più immediata senza mai rinunciare a qualche accenno di virtuosismo ritmico. Non credo di aggiungere niente di nuovo nel ricordarti che il pubblico molto spesso non è composto da addetti ai lavori e molto spesso, di fronte ad un gioco di prestigio fine a sé stesso, resta indifferente per poi emozionarsi dinanzi a cose più semplici e abbordabili.

Formby parlava alla gente, in maniera diversa dai fuochi d'artificio di Hollywood propri di Roy Smeck, li divertiva e ogni tanto li impressionava con ritmi elaborati e tecniche più ricercate. Era un ottimo musicista camuffato da splendido intrattenitore. Ma sono profondamente convinto che abbia rappresentato il primo passo verso una rappresentazione sempre più leggera di questo strumento, nell'impossibilità di avere un pubblico consapevole delle meraviglie che venivano fuori dal suo strumento, ritengo sia stato di gran lunga più immediato far passare la sua immagine spensierata ad una folla ancora vergine: uno strumento facile, divertente e adatto a tutti! Per la serie: Acquistane uno subito e ti porti a casa le Hawai'i!

Lo studente di ukulele è difficile da inquadrare: da un lato abbiamo persone che hanno scelto di acquistare quel giocattolo e dall'altro ne abbiamo altre che probabilmente hanno già studiato musica e sarebbero rimaste estasiate da Formby. Da una parte abbiamo gente che vuole solamente divertirsi, dall'altra persone disposte a compiere qualche sacrificio per raggiungere i risultati auspicati.

A differenza di tutti gli altri strumenti però, l'estrema facilità con cui possiamo iniziare a suonarlo, ci permette sin dai primi incontri di creare gruppi all'interno della classe, accostare gli studenti già preparati a quelli che stanno scoprendo per la prima volta una tastiera, per proporre loro esercizi da fare in coppia. È possibile farli suonare insieme sin dalle prime lezioni, oscurando momentaneamente gli obiettivi che si erano prefissati grazie al sorriso tipico di chi ha appena iniziato a suonare un ukulele. Puoi stare tranquillo che si divertiranno tutti, dal primo all'ultimo. In quei momenti avranno fra le mani il giocattolo che si aspettavano e quelli più esperti riscopriranno ciò che avevano lasciato per far posto a scale e studi in velocità: quell'ingenuo, stupido e ridicolo divertimento a cui difficilmente riusciresti a dire di no.

In questi momenti non conta molto il proprio background musicale ma il fine ultimo che tutti hanno scelto di abbracciare: fare gruppo. Ci si concentrerà più in là su aspetti più specifici, per il momento "limitiamoci" alla felicità che fornirà loro la benzina per continuare.

Ricordati: prima di tutto viene l'amicizia e la passione comune per l'ukulele. Bisogna costruire un'*ohana*, una famiglia. Nel frattempo possiamo accennare ai concetti che il resto del mondo pone alla base di una buona educazione musicale, come semplici dettagli che non pregiudicano il divertimento alla base dei primi incontri.

Diventare un docente di ukulele, al contrario, non è semplice quanto suonare un accordo di Do maggiore. Non ci si può inventare dalla sera alla mattina la professione perché l'approccio alla didattica dello strumento non credo che rispecchi quello dei suoi fratelli maggiori.

Prima di approdare a questa ipotesi di professione mi ricordo i mille lavori che avevo provato a fare. Mandavo curriculum a chiunque cercando l'impiego più creativo e libero che la mente umana potesse concepire e un paio di volte mi era anche andata bene. Ogni tanto mi giocavo la creatività in maniera trasversale: provavo a fare il grafico, a creare qualcosa con i codici e col pretesto di lavorare al computer mi ritagliavo sempre uno spazio per controllare le email e aggiornare i forum di discussione a cui ero iscritto. A fine giornata la casella dei messaggi in arrivo era sempre perfettamente in ordine e nel frattempo avevo dilapidato più della metà del tempo utile. Fossi stato dall'altra parte della scrivania, avrei licenziato Jontom dopo una settimana.

L'ultima agenzia in cui avevo lavorato poi era deliziosa. Un loft a ridosso del centro di Roma, arredato piuttosto bene. D'altronde se ti definisci "creativo" non puoi piazzare sul posto di lavoro i salotti di mezza città comprati da Ikea. I colleghi erano simpatici e caffeinomani proprio come me. Ogni ora saltava fuori qualcuno che preparava la macchinetta e in quei casi che fai, gli dici di no? Non si può fare. Ti prendi il settimo espresso ed esci a fumare.

Tornavo a casa più carico di prima e anche la paga non era male. Riuscivo per le prime volte a mettere più di venti euro di benzina, una cosa mai vista per chi come me saltellava fra un impiego e l'altro. Insomma era il posto d'oro, part-time, ottima retribuzione, possibilità di crescita e anche le quattro chiacchiere con i colleghi sembravano abbastanza piacevoli. Solo che dopo tre mesi iniziavano puntuali i miei piccoli attacchi di panico e che fai, continui così da qui all'eternità?

Incontrai l'ukulele quasi per caso, iniziai a studiarlo e forte dei miei studi passati sul pianoforte, dopo un po' di tempo mi buttai nell'insegnamento di quel qualcosa che ai molti nemmeno era chiaro. Forse sono stato il primo in Italia a tenere in mano una classe di ukulele per più di tre mesi, sicuramente sono stato il primo nel pretendere di volerci vivere sopra, motivo per cui sono stato il primo a rendersi conto del metodo un po' particolare per insegnarlo.

Provavo a farlo allo stesso modo in cui la mia maestra di piano mi aveva a suo tempo avvicinato allo strumento ma il risultato che ottenevo su questa strana chitarra era difficile da valutare e di certo non soddisfacente. Da un lato avevo i ragazzi con cognizione di causa che mi seguivano con interesse ma difficilmente facevano progressi, quel secondo gruppo a cui mi riferivo prima con un'esperienza musicale alle spalle, dall'altro invece perdevo per strada tutte quelle persone iscritte al corso più che altro per lo stupore nel constatare l'esistenza di una cosa simile.

Alla fine ebbi un'epifania, quell'istante che gli alcolisti chiamano "momento di lucidità": bisogna rendersi conto che siamo un compromesso fra animatori di un immaginario villaggio vacanze sul Pacifico e insegnanti che racchiudono le più comuni nozioni di teoria musicale. In qualunque caso, che si tratti di uno studente più esperto o di uno alle prime armi, ci si aspetta da noi almeno un assaggio dell'*Aloha Spirit*, quel folklore racchiuso in una camicia hawaiiana e in un sorriso sulle labbra anche se in fondo una buona parte di loro non sa nemmeno cosa sia. È difficile che ci si aspetti qualcos'altro. Almeno non durante i primi mesi. Le reali potenzialità di questo strumento, inizialmente appaiono sbiadite.

Non siamo insegnanti di musica come gli altri. È indubbio che la mia preparazione sul pianoforte e la Licenza di Teoria e Solfeggio Musicale presa anni prima mi abbiano aiutato ma senza la consapevolezza di essere anche qualcos'altro che si trovava lì per motivi leggermente differenti, per fare innanzitutto scattare quella scintilla nell'allievo, probabilmente avrei mollato tutto dopo un mese di lezioni perché mi sarebbero rimasti solamente due alunni a cui fra l'altro, non avrei saputo nemmeno cosa dire.

Se ci limitassimo ad insegnare l'impostazione della mano sinistra sulla tastiera o riciclassimo le nozioni che abbiamo imparato ed automatizzato per la mano destra molto probabilmente finiremmo per insegnare la chitarra acustica "applicata" all'ukulele e ad onor del vero, non è quello che la gente si aspetta da noi. Forse un paio d'anni fa... ma oggi la gente inizia a capirci qualcosa di più ed è un nostro dovere morale offrirgli ciò che stanno cercando, senza ingannare nessuno. In fin dei conti, l'ukulele è uno strumento particolare. La cassa di risonanza di un Soprano è meno della metà di quella di una chitarra tradizionale per cui suonarlo allo stesso modo, come se avessimo a che fare con lo stesso tipo di suono, vorrebbe dire accentuare ancora di più il carattere squillante dovuto a delle dimensioni così ristrette. La tensione delle corde è diversa e ci obbliga ad un tocco più leggero per accentuare certi passaggi. A volte, soprattutto nel caso degli ukulele economici, non è neanche sufficiente!

La gente inizia a subodorare l'odore di "chitarristi prestati all'ukulele" e a dirla tutta, questi ultimi probabilmente nemmeno conoscono tutto ciò che c'è dietro al nostro strumento che paradossalmente reputo assolutamente integrante all'aspetto più tecnico. Nelle loro lezioni mancherebbero degli elementi fondamentali che in fondo poco hanno a che fare con lo studio della musica in senso stretto. Manca l'*Aloha*. E quello è difficile da insegnare... piuttosto andrebbe vissuto.

Accanto a queste nozioni dobbiamo anche essere in grado di intrattenere per tenere alta l'attenzione di chi non si sarebbe mai immaginato ad ascoltare un Maestro di musica ed inoltre non dobbiamo mai dimenticare che gran parte della storia hawaiiana è stata cantata attraverso le corde di questo strumento. Agitiamo il tutto per dieci minuti assicurandoci che tutti gli ingredienti si mescolino a dovere e serviamo freddo.

Ti assicuro che non è facile!

Come stavo già accennando prima, iniziare un percorso musicale nel migliore dei modi è garanzia di continuità e di buoni risultati. Prendiamo come riferimento un bambino che ancora non conosce la musica nelle sue infinite forme. Come riesci a convincerlo che è un gioco più divertente di quelli con cui riempie la giornata? Pensiamo ad un adulto che non si è mai nemmeno lontanamente immaginato alle prese con lo studio di una chitarra. Come riesci a convincerlo che questa volta ce la farà?

A tale proposito mi torna in mente un breve colloquio con Roy Sakuma "Devi mandarli a casa con qualcosa di cui potersi vantare! Qualcosa di semplice da poter suonare subito che gli dia la consapevolezza di avere già iniziato a fare musica". È per questo che tempo fa avevo inciso e scritto le partiture di *Play Uke*, un volume di sei brani per ukulele a più voci. Avevo spinto su melodie semplici, facili da suonare che permettessero agli allievi di produrre qualche nota e stimolare sin dai primi momenti il loro senso ritmico.

Play Uke è uno dei primi testi che do ai miei studenti. È ottimo per rompere il ghiaccio e le melodie facilmente riconoscibili permettono a tutti, anche a chi non ha ben sviluppato un senso musicale, una facile assimilazione. Ma va detto che è stato concepito e realizzato dopo anni passati ad insegnare e soprattutto dopo aver assistito ad un workshop del Maestro per eccellenza, Roy Sakuma.

Il momento ideale per scriverlo è capitato dopo aver realizzato il testo a cui avevo accennato prima, quella base su cui affrontare studi specifici che mi sarebbe servita per portare gli alunni ad un livello ancora più approfondito. Quello che mi serviva per mettermi quantomeno in linea con i miei colleghi docenti: un libro di testo. Buttata giù la base teorica mi sembrava oltremodo naturale concentrarmi sugli spartiti. Sto parlando di *No Panic*, forse l'unico metodo sopra il centinaio di pagine, scritto in italiano per imparare a suonare l'ukulele, con ogni probabilità il primo scritto e registrato da un ukulelista/parzialmente occupato che lentamente diventava un "professionista".

Concettualmente sarebbe sbagliato.

Mi ricordo un altro momento con Joe Souza, fuori dalla fabbrica Kanile'a a Kaneohe, sul lato Windward dell'isola di Oahu. Ero curioso di sapere come mai la quasi totalità degli ukulelisti moderni e passati utilizzava il pollice nel suonare passaggi anche ad elevate velocità rinunciando ai vantaggi di un picking alternato fra pollice ed indice piuttosto comune fra gli altri chitarristi. La risposta fu di quelle che non ti aspetti e non tardò ad arrivare con un sorriso grande come una casa "Perché Roy ci ha insegnato così!".

Non va vista come segno di ottusità intellettuale ma piuttosto inquadrata in un contesto socio culturale in cui mancano quasi del tutto testi storici e la musica, oltre a non costituire un'eccezione, diventa piuttosto un veicolo per tramandare la tradizione.

Roy Sakuma non aveva fatto altro che riproporre ai suoi studenti le nozioni del Maestro, Herb Ohta San, e visto che la principale scuola di musica era ed è tuttora diretta da Roy in persona e da Kathy Sakuma, sua moglie, un'intera generazione di ukulelisti ed insegnanti si era formata seguendo i suoi "consigli" didattici. E non mancava occasione in cui i suoi alunni lo ringraziavano, pubblicamente e privatamente.

È chiaro che non mancavano gli spartiti su cui poter studiare canzoni tradizionali e pezzi popolari ma un testo ufficiale a cui poter fare riferimento in fondo non era mai esistito. Fu grazie all'opera di Roy Sakuma che iniziarono ad apparire i primi spartiti di ukulele per bambini e fu in merito alla bontà e alla qualità del suo lavoro che la sua opera venne accolta e riconosciuta dalla gente e dagli aspiranti musicisti. Ne è una prova concreta il festival di ukulele che si tiene ogni anno nelle isole, un evento completamente gratuito giunto ormai alle 42esima edizione e riconosciuto come il festival di ukulele più prestigioso, con ospiti provenienti da ogni parte del mondo e organizzato come tutti gli anni, per l'appunto, sempre da Roy e Kathy.

Ora, cerchiamo di riportare quella realtà in Italia. Non è semplice. Per quanto mi sforzi di tenere le mie lezioni su un piano prettamente orale senza fare il minimo accenno al mio metodo di studio, mi rendo conto che siamo abituati a prendere appunti, a fare riferimento ad un testo e conseguentemente a studiare in maniera diversa.

Semplicemente, viviamo in maniera diversa, con ritmi e tradizioni che c'entrano ben poco con la realtà dipinta a migliaia di kilometri di distanza in mezzo al Pacifico.

Fatto sta che mi sono messo a scrivere il mio personalissimo metodo di ukulele. Non vivo a Honolulu. Però ho cercato ugualmente di discostarmi da quel tipo di letteratura scolastica, utilizzando uno stile diretto e colloquiale, cercando di mantenere, almeno stilisticamente, il concetto di una tradizione orale. L'idea che c'è dietro al mio vecchio metodo *No Panic* è quella del tuo amico che ti spiega come si suona perché magari ne ha acquistato uno un paio di settimane prima.

Sono solito darlo ai miei studenti all'inizio di ogni corso e assegnargli dei capitoli da leggere durante la settimana. A volte sono utili per fissare dei concetti che abbiamo visto a lezione, altre volte diventano solo un semplice passatempo per continuare a tenere viva l'attenzione su questo strumento. A differenza di altri testi, forse un po' più chiusi, prende corpo sulle richieste di chi suona e sulla mia esperienza a lezione, come una specie di docente immaginario che plasma il suo lavoro sui suggerimenti dei propri alunni ed è anche per questo che col passare del tempo ho scelto di integrarlo con dei video. Perché in fondo me lo stavano chiedendo loro. Sì, è scritto da me ma in realtà ci sono una miriade di voci a rendere il manuale più completo. Con un testo a portata di mano, avrei potuto portare la classe oltre il semplice "strimpellare insieme" tipico dei club di ukulele.

Seguiranno considerazioni sulla tipologie di gruppi che ti possono capitare, ognuno diverso dall'altro, con i propri tempi ed i propri limiti ma con diversi punti d'incontro per poter organizzare in maniera soddisfacente una lezione. Ma prima di buttarmi nella descrizione di una classe mista è giunto il momento di aprire la prima parentesi. Te l'ho detto: dobbiamo essere in grado di intrattenere e tenere alta l'attenzione. Siamo pur sempre degli animatori.

Honolulu baby

Honolulu ai miei occhi è una piccola New York del Pacifico. Ha i suoi grattacieli in bella vista, hotel di lusso e centri commerciali di tutto rispetto come la sorella maggiore. Certo, è in scala. Ci metti un'ora per arrivare dall'altra parte di Oahu mentre ce ne metti tre solo per attraversare New York, visiti in costume da bagno la prima e in cappotto la seconda però più o meno il paragone direi che può reggere.

Waikiki è la *downtown* piena di luci e pubblicità dove si sviluppano le principali attività per i turisti, perlopiù giapponesi drogatissimi, e per chiunque in cerca di qualcosa da fare e da vedere. È la prova del nove che differenzia i tipi da villaggio vacanze da quelli in cerca di emozioni nuove: un buon 50% dei turisti passerà il resto della vacanza a fare shopping all'Ala Moana Center mentre il resto andrà a conoscere le isole. È il quartiere in cui gli hawaiiani sfruttano la voglia di armi dei giapponesi frustrati pubblicizzando poligoni di tiro in ogni dove. Distribuiscono fogliacci stampati in bianco e nero su cui raffigurano fucili da guerra del Golfo e credo che una buona fetta del loro business sia proprio costituita da asiatici che impossibilitati in patria, decidono di provare lo stile americano nella sua essenza più pura. Per andare a fare quattro chiacchiere con gli hawaiiani purosangue dovresti considerare almeno una visita dall'altra parte dell'isola, sul Windward Side, recentemente immortalato nel film con George Clooney "The Descendants" - in italiano "Paradiso Amaro".

Honolulu, o almeno i suoi quartieri principali, è preda dei giapponesi che silenziosamente provano per la seconda volta a conquistare le Hawai'i, monopolizzando gran parte delle attività commerciali e turistiche. Ma puoi comunque continuare a percepire l'anima hawaiiana ascoltando la musica per le strade di Waikiki, più precisamente lungo la sua via principale, Kalakaua Avenue, un palcoscenico importante per le esibizioni di alcuni artisti locali. Anni fa rappresentò un momento molto importante per l'ascesa di un'ukulelista molto apprezzata fra i più giovani, Taimane Gardner. Suonava sul marciapiede per raggranellare un po' di contante destinato ai senzatetto e nel frattempo, le sue esibizioni venivano immortalate da centinaia di telefonini per finire in un secondo momento su Youtube. Uno dei video più popolari fu senza dubbio il medley di "Miserlou" e "Wipe Out" in cui sfoggiava un trillo continuo eseguito ad alta velocità.

Ogni settimana a Kalakaua si esibisce Troy Fernandez che ho avuto il piacere di ascoltare in diverse occasioni. Montando un piccolo impianto audio, suona l'ukulele accompagnandosi con diverse basi preregistrate e tiene in piedi uno spettacolo improvvisato che ferma regolarmente una discreto mucchietto di passanti. In un'intervista recente, l'artista ha dichiarato che preferisce di gran lunga la libertà di Kalakua Avenue ai contratti precari con ristoranti e locali del posto.

Ma la cosa che salta all'occhio anche a chi sceglie di trascorrere la maggiorparte del suo tempo per le strade di Waikiki, è come in qualsiasi centro commerciale delle isole, e quindi anche al prestigioso Ala Moana Shopping Center, sia presente un palcoscenico con esibizioni e spettacoli regolarmente in programma.

A differenza della Grande Mela, Honolulu ha una percentuale altissima di parchi. Direi che quasi un terzo di questa "quasi metropoli" si sviluppa su manti erbosi e palme irradiate dal sole del Pacifico, al punto tale che mi chiedo se non sia stata progettata proprio intorno alle aree verdi. Sono piuttosto comuni gli alberi di Banyon, giganteschi alberi secolari che probabilmente noi europei abbiamo visto soltanto in qualche cartone animato giapponese. Vedi un Banyon e ti chiedi dove si sia nascosto il pupazzo Totoro ma quando giri l'angolo trovi la sorpresa più plausibile: qualche samoano che organizza barbecue in un mare di salse colorate.

Da quello che ho potuto vedere io, anche l'isola di Oahu sembra progettata con un enorme rispetto per la natura: non c'è nessun collegamento che ti porti in cima alle montagne, solo tre strade di raccordo fra le due coste e una principale che costeggia l'oceano. In seguito all'uragano di qualche anno fa che devastò la punta Nord, interrompendo in questo modo anche un tratto stradale, si è costretti a fare una deviazione nell'entroterra di circa un'ora per proseguire sulla costa. Quindi anche le poche strade che c'erano sono state ulteriormente ridotte.

Tu dirai "Ma che palle" e io ti risponderò "Sì, hai ragione. Però non è che un'ora di tempo ti cambi la vita. Se ci pensi un attimo te lo puoi permettere". Ed è proprio sui ritmi solo apparentemente bassi, sul desiderio incessante di tenersi in contatto con la natura, che si rafforza lo spirito degli antenati hawaiiani.

Passai buona parte di un pomeriggio fermo dinanzi ad un negozio di ukulele. Per ogni negozio di musica, puoi contarne almeno due di ukulele, per non parlare delle case produttrici con il proprio punto vendita e le associazioni per la diffusione dello strumento. Ti piazzano l'ukulele ovunque, anche negli ascensori.

Entrai a dare un'occhiata insieme al mio Tenore sempre in spalla. Le pareti erano interamente ricoperte per lo più da modelli sconosciuti al mercato italiano, tutti di ottima fattura anche a giudicare dal prezzo di vendita. Dopo pochi secondi il titolare si rivolse ai clienti probabilmente colpito dallo strumento in spalla, facendo notare che "...abbiamo un musicista fra noi!" e da lì venne tutto il resto. Un'ora o giù di lì a parlare del nostro strumento, a suonare insieme pezzi tradizionali per poi sentirsi dire che andavo troppo veloce!

Ciò che mi disse era di rallentare. E' il concetto che mi rimase impresso in mente sin da subito. Non c'è bisogno di andare così spediti. Noi italiani sembriamo avere il jazz nelle nostre corde, siamo portati ad arrangiare i nostri brani per esaltare caratteristiche musicali e la tecnica di chi li interpreta ma qui non è così. Almeno non per gli hawaiiani dalla pelle dura. Qui viene celebrato qualcos'altro: un rapporto millenario con l'oceano ed i suoi abitanti, con chi ha abitato queste spiagge e con chi è vissuto tramite le leggende degli antenati. Non c'è bisogno di fare gli sbruffoni.

E' un altro concetto musicale che a volte stentiamo a comprendere. Spendiamo la maggior parte del tempo a studiare e fare pratica e ciò è più che giusto. Aspiriamo alla voce sanremese e alla sciltezza nelle dita per poter sconvolgere con classe tutti i nostri amici. Ma che cosa stiamo suonando in realtà? Un mero esercizio di stile, un modo come un altro per appagarci oppure una maniera sempre nuova per impressionare le orecchie di chi ci ascolta? È la musicalità quel concetto che a volte andrebbe insegnato insieme alle scale.

Non dico che la musica debba essere rivolta esclusivamente alla celebrazione di un qualcosa di più alto. Questo forse può valere per un hawaiiano fortemente legato alle sue origini ma non so quanto possa essere riconducibile ad un ragazzetto nato e cresciuto sulla terraferma. Sono concetti filo-religiosi di cui non spetta a me discutere l'universalità. Però magari durante la lezione li accenno e poi magari ci ritroviamo a riflettere sulla passione che ci motiva, su come sentire le corde sotto i nostri polpastrelli e su come a volte la scelta della velocità non sia semplicemente il modo più appropriato per eseguire un brano.

Non servono tremila note, dai. E' superfluo. A volte possiamo essere più intensi in un passaggio composto da due note in fila per uno. In fondo B.B. King c'ha costruito sopra una carriera. Altre volte è il silenzio a entrare in gioco e rendere tutto più interessante. Sono quei punti di vista a cui accennavo prima. Quindi rallenta. Perché parafrasando le parole di Trey Terada, l'ukulele è uno stile di vita e potrebbe tornarci anche utile. Dimenticarci almeno momentaneamente che non è necessario arrivare il prima possibile al nostro obiettivo ma magari goderci l'ora di attesa mentre aspettiamo l'autobus, prendere quella deviazione al centro dell'isola per poi tornare a due kilometri in linea d'aria dal punto di partenza e ridere di gusto dei new yorkesi impazziti, percepire ciò che ci circonda ed iniziare ad ascoltare il suono di ciò che vogliamo dire... anche questo è ukulele.

Non c'è bisogno di andare piano per rallentare. Non serve suonare qualsiasi cosa come se fosse una ninna nanna, quando siamo dentro un pezzo possiamo far durare quell'esperienza all'infinito e sentire ogni singolo passaggio sotto le nostre dita come un altro kilometro che abbiamo appena percorso.

È un concetto diverso che è fondamentale da trasmettere a chiunque voglia andare oltre gli accordi base, anche solo per poche note di più. Perché in fondo più suoniamo, più ci rendiamo conto che la musica non è fatta soltanto di note.

L'ukulele è quel caso a parte. È quello strumento nato per accompagnare i riti sacri che al tempo stesso veniva suonato sulla spiaggia, sotto i fuochi d'artificio di un *luau*. Accompagnava la voce di Lili'uokalani e portava al largo gli animi dei pescatori mentre vagavano in cerca di un buon punto per tirare i remi in barca.

Per come la vedo io, è uno strumento che può essere suonato in milioni di modi differenti ma è solo tenendo a mente il suo passato e la sua tradizione che puoi arrivare a conoscerlo in maniera più intima. La prima volta che sono stato alle Hawai'i avrei dovuto prendere qualche lezione da Derick Sebastian ma purtroppo, in seguito ai suoi milioni di impegni, non siamo nemmeno riusciti ad incontrarci. Tuttavia è stato quello il momento in cui il destino mi ha messo davanti a qualcosa di più ampio, le Hawai'i, permettendomi di ricevere una lezione forse ancora più importante e assorbire lo spirito delle isole comprendendo che un ukulelista, in fondo, è ben altro rispetto alla tecnica e al virtuosismo.

La classe mista

L'insegnante di musica sa bene cosa vogliano dire una lezione collettiva ed una individuale. Nel primo caso ha dei momenti di ripresa in cui lascia momentaneamente gli alunni ai loro esercizi e magari si concede una piccola pausa. Nel secondo invece ha gli occhi di una sola persona puntati addosso dall'inizio alla fine col risultato abbastanza ovvio che in una lezione individuale, solitamente si lavora quasi il doppio arrivando prima ai risultati preposti.

Senza approfondire più di tanto le lezioni di questo tipo, vorrei spendere due parole sulla "classe mista di ukulele" in cui molto spesso si ritrovano metallari *wannabe*, allegri ventenni, chitarristi perplessi, impiegati seri e rigorosi, nella stessa stanza, con una pulce saltellante che vorrebbero tenere sotto controllo. È un momento quasi ecumenico, dettato da un soprendente ed inaspettato equilibrio che non andrebbe mai intaccato, evitando di porre la fatidica domanda a trabocchetto "che musica ascoltate?".

Questo succede perché è ancora difficile proporre delle lezioni individuali sul mercato, c'è un enorme interesse da parte delle scuole di musica che hanno iniziato a subodorare l'affare dell'anno ma al tempo stesso ci si scontra con qualcosa di nuovo a cui non si sa bene come rapportarsi e non si capisce nemmeno in che modo promuoverlo. Mi è capitato di vedere promossi i miei corsi silenziosamente rivolti ad adulti con immagini di bambini gioiosi e, al contrario, divulgare un workshop di stampo squisitamente hawaiiano con locandine che sembravano uscite dagli ospedali di zona. Nel calderone di una classe mista di ukulele ci finisce gente di ogni tipo ed è difficile gettare le basi per un programma di studio quando hai a che fare con menti che lavorano in maniera diametralmente opposta.

L'ukulele si è fatto conoscere soprattutto per via dei numerosi club che si riunivano ogni settimana per suonare. Idealmente, le prime classi miste erano proprio quelle in cui si decidevano dei brani, si creava un *songbook* e si trascorrevano le ore successive a suonare insieme. D'altronde pensiamoci un attimo: l'ukulele non ha una tradizione classica come altri strumenti più rinomati. Non c'è l'idea radicata di andare a studiare lo strumento quanto quella di andare a lezione di pianoforte. Almeno in Europa è così. Come stavo scrivendo prima, molto spesso ci si avvicinano persone con l'intento di trovare un nuovo passatempo e dopo aver speso una manciata di euro per la "chitarrina" restano comunque distanti anni luce dalla concezione piuttosto conservativa di una scuola di musica.

Solo recentemente si è visto un avvicinamento in questa direzione, dopo aver dato la parola su internet ad artisti come Jake Shimabukuro che proponendo arrangiamenti con tecniche di strumming e fingerpicking avanzato, hanno avvicinato gli utenti italiani ad uno studio più concreto dello strumento. Un enorme aiuto, sempre in questo senso, l'hanno dato musicisti di rilievo come Eddie Vedder e Amanda Palmer che pur non essendo virtuosi, sono stati in grado di riportare l'attenzione collettiva sull'aspetto più musicale dell'ukulele dimostrando come possa essere possibile comporre arrangiamenti di un altro livello e suonare qualsiasi cosa pur avendo a disposizione soltanto due ottave, ben poca roba paragonata all'oceano di tasti su un pianoforte.

Durante i primi minuti di un corso sono solito fare una piccola intervista pubblica ai partecipanti per capire a che livello si trovino. Solitamente, scopro gli eventuali bluff mentre li ascolto suonare il primo accordo, osservando l'impostazione della mano sinistra, la rigidità con cui si muovono ed il modo in cui piegano i polpastrelli sulle corde. Non sempre sono degli esempi di onestà. Molto spesso si definiscono completamente incapaci mentre altre volte, pur ammettendo di aver suonato in passato una chitarra, non riescono nemmeno a mettere due accordi in fila. È un problema di percezione che avrò modo di analizzare più avanti.

Nel frattempo inizia a metterci una pietra sopra: io lo so che farai vedere la corretta angolatura delle falangi, lo so che aggiusterai il polso in una posizione più comoda ma puoi stare tranquillo che dopo dieci minuti torneranno a ripetere lo stesso errore. Perché come dicevo prima, per loro "suonare è impossibile" e credo che involontariamente sia entrato in atto un meccanismo di autoconvincimento che li porta a suonare molto spesso nel modo più difficile.

Si tratta solo di reiterare gli stessi concetti più volte quindi prima di iniziare il tuo corso fai sempre un respiro profondo e ricorda: devi soprattutto rasserenare, insegnare verrà in un secondo momento. Tranquillizzali: in questo campo niente è impossibile, bisogna solamente trovare la chiave giusta che ti dischiuderà magicamente le porte del regno. Se in un gruppo di dieci persone almeno quattro si trovano ad un livello più avanzato siamo a cavallo: posso iniziare a formare quei sottoinsiemi a cui accennavo prima, accoppiando un alunno più scarso ad un altro leggermente più esperto per un'esecuzione a due voci. In questo modo, quello che si trova indietro progredisce con più facilità, senza sentirsi addosso gli occhi vigili dell'insegnante che spesso possono provocare tensione. Magari la chiave che non riesce ancora a trovare è nelle tasche del suo compagno di corso. Capisce da una persona ad un livello diverso rispetto a quello del docente, che forse "si può fare" ed è più invogliato a seguire anche quei pochi accenni teorici che ogni tanto capitano a lezione. È a contatto con un compagno di ventura, si preoccuperà magari di fare qualche battuta per trovarsi a suo agio ma di certo non subirà la pressione di un insegnante che lo scruta.

Urge ribadire il concetto: non insegnamo solamente musica ed è bene ricordarci che per alcuni di loro può rappresentare tante altre cose: uno svago fuori dall'orario lavorativo, un modo per conoscere altre persone e più in là, per stare insieme con i nuovi amici conosciuti a lezione. Paradossalmente, la musica vera e propria potrebbe essere l'ultimo dei loro pensieri. Quindi evita di rendere l'atmosfera pesante con nozioni infinite di teoria o esercizi ripetuti fino allo sfinimento ma limitati a quel tanto che basta per permettergli di eseguire un brano, semplice, con tre accordi, possibilmente abbastanza conosciuto e mai banale, che saranno felici di suonare anche a casa. Ricordati: a te spetta la direzione artistica del villaggio vacanze sulle sponde dell'Oceano Pacifico.

Non so bene su quanti incontri si baserà il tuo corso ma so per certo che almeno una volta al mese dovrebbero esserci questi momenti pper lasciare che sia il loro compagno a giudicarli e per metterli quindi a contatto con un nuovo referente a cui rispondere delle proprie esibizioni. Si trovano entrambi allo stesso livello, tutti e due sulla stessa barca desiderosi di imparare. È chiaro che questi momenti di musica d'insieme vanno pianificati e costruirci sopra un'intera lezione sarebbe stupido. Così come non dovremmo mai eccedere con la parte teorica, non dovremmo nemmeno incentrare gran parte della lezione su questi confronti fra alunni. Non porterebbero da nessuna parte. Ma una volta chiariti i primi concetti sull'accordatura e affrontati un paio di accordi principali può essere una buona idea iniziare a farli dialogare sin dalle prime battute in completa autonomia. Oltre ai vantaggi che ho appena descritto ho notato una maggiore attenzione durante le mie spiegazioni e una crescente curiosità nello studio di tecniche ukulelistiche intermedie. È per questo che vanificare intere lezioni con momenti in cui poter suonare insieme non penso porti grossi vantaggi.

C'è un altro punto da affrontare quando si ha a che fare con un mezzo di comunicazione come la musica: la timidezza.

Molto spesso è un problema, soprattutto quando una classe è composta da persone talmente emotive da non riuscire nemmeno a poggiare le dita sulla tastiera. Il fatto di porre due alunni a confronto aiuta a sentirsi a proprio agio e rafforza il concetto di squadra, da cui il gruppo di ukulele prende la forza per andare avanti contro quel mostro senza cuore che si fa chiamare insegnante ma è chiaro che non è possibile eliminare del tutto quella tensione attraverso qualche esercizio di gruppo.

Di alunni timidi ne ho avuti a volontà ed è bene sottolineare che la timidezza non è assolutamente sinonimo di incapacità. Anzi, talvolta è addirittura il contrario! Mi ricordo di un'alunna che durante i minuti iniziali in cui il resto della classe accordava lo strumento, eseguiva alla perfezione le tablature date da studiare la settimana prima. Un'altra non riusciva ad eseguire un semplice picking con il pollice ma con mia enorme sorpresa, durante un esercizio in coppia era la più brava nel dettare i tempi ed i cambi di accordo.

Non è possibile affrontare una conversazione con loro per metterli a proprio agio e non è nemmeno possibile riservargli un occhio di riguardo perché in una lezione collettiva, ovviamente tutti i partecipanti hanno diritto alle stesse attenzioni. È comunque possibile e altamente consigliato ricordarsi di quel compromesso a cui accennavo prima, l'animatore turistico, per fare in modo che prima di tutto si trovino in un ambiente confortevole e che in un secondo momento inizino a porsi con te come si pongono con il proprio compagno di banco o collega. E poi non ti nascondo che senza questo approccio probabilmente mi sarei stancato subito di dare lezioni. Ho bisogno di rapportarmi agli alunni in maniera amichevole, non voglio che mi vedano come una figura autoritaria a cui dover rispondere una volta a settimana ma piuttosto come quell'amico che suona l'ukulele già da un po' e che si trova lì per dar loro qualche consiglio su come imparare a suonare.

Chiariamolo subito: non sto paragonando gli alunni timidi a delle bestie rare con grossi problemi comportamentali. Molto spesso si tratta di una semplice insicurezza nei confronti di qualcosa che ancora non si conosce a fondo e di certo l'incapacità nell'esprimere giudizi sinceri sul proprio operato non li aiuta. Un alunno timido potrebbe definitivamente soccombere di fronte ad un accordo che proprio non riesce oppure di fronte ad un'eccessiva legnosità nel muovere le dita. Eppure qui succede quel qualcosa che non ti aspetti, il piccolo miracolo, perché sono proprio loro quelli che alla fine della lezione si incaponiscono e tornano a casa desiderosi di provare e studiare.

Lunga vita ai timidoni! Sono quelli che dopo un po' di tempo riemergono dalle macerie per iniziare a darci grosse soddisfazioni. Aspettiamoli. Diamogli tempo. Vedrai che ne sarà valsa la pena.

Come organizzare le lezioni

Intendiamoci: non c'è assolutamente niente di male nel considerare l'ukulele come un semplice passatempo e di fatto è quella chitarra che ci permette di suonare un accordo con un dito. Non abbiamo più sei corde a disposizione ma quattro. Questo riduce in maniera non indifferente il numero di nozioni da tenere sotto controllo per suonare il nostro primo accordo. È una chitarra trasportabile in uno zainetto che molto spesso viene acquistata addirittura per "comodità". È leggera, dall'aspetto innocuo eppure mantiene intatte tutte le caratteristiche per essere promossa come chitarra a tutti gli effetti. È una chitarra che ci presenterà le prime difficoltà solo dopo averci fatto suonare gli accordi principali, lasciandoci tutto il tempo di curare altri aspetti sin dalle prime fasi, come il senso ritmico, che non sempre vengono approfonditi. È una chitarra che non ci farà mai conoscere l'incubo del barrè: viste le dimensioni ridotte del manico, il numero inferiore di corde ed il loro materiale, la pressione che esercitiamo è minore. Ed è proprio su questa tecnica in particolare che organizzo le prime lezioni, dimostrando subito che non c'è niente da temere perché lo scoglio più grande che separa il chitarrista improvvisato da quello navigato viene risolto nel giro di pochi minuti sin dai primi incontri.

L'ukulele, suonato a corde vuote, produce un accordo di La minore settima. Facendo un barrè sul quinto tasto avremo un accordo di Re minore settima e sul settimo un accordo di Mi minore. settima In questo modo gli intervalli fra le corde suonate a vuoto vengono rispettati e trasportati in un altra tonalità. È sufficiente ricordarsi solo due numeri, cinque e sette, per iniziare a suonare qualcosa che rispecchi le armonie su cui si basa gran parte della musica che ascoltiamo: I, IV, V cioè il primo accordo, il quarto ed il quinto che si costruiscono in relazione al primo. Come se non bastasse, a quell'altezza molto spesso si trovano dei pallini di riferimento impressi sulla tastiera che aiutano non di poco la memorizzazione. Non mi dilungo più di tanto sui concetti di teoria quanto sul risultato che otteniamo mettendo gli alunni a confronto con un concetto del genere.

Gli offro un approccio più logico nello studio dello strumento senza necessariamente spiegare i fondamenti armonici che ci sono dietro ma ragionando con i numeri in maniera più concreta. Subito dopo bisogna solo stabilire per quanto tempo dovranno suonarli e qui sta a te decidere la soluzione che più ti aggrada. Potresti prendere spunto da un blues in dodici battute oppure ispirarti ad una struttura pop. L'importante è che inizino a ragionare col tempo e con le battute. Inutile aggiungere che gli verrà più semplice una volta accantonato il problema di cosa suonare con la mano sinistra.

Una volta accordati gli strumenti e spiegati questi concetti potremmo già iniziare a suonare insieme al resto della classe. Ovviamente avremmo già insegnato alle nostre "vittime" un minimo d'impostazione su come suonare i *downstroke* e gli *upstroke*. Resta solo da definire meglio il tempo e il saper suonare in relazione agli altri.

Saper fare musica insieme non è una cosa immediata. Mi sono capitati alunni che suonavano a testa bassa, concentrati quasi esclusivamente su ciò che stavano suonando senza prestare minimamente attenzione a tutto il resto. Arrivavano ad ignorare persino la mia bacchetta che batteva il tempo sul tavolo. Ed in questi casi è bene soffermarsi un po' di più sul tempo, sul fatto che non stiamo suonando nel buio della nostra cameretta ma insieme ad altre persone che gradirebbero andare tutte quante a tempo!

Una grande verità che ho appreso dopo un workshop di Bob Brozman, chitarrista eccezionale nonché ukulelista spietato, è che con il virtuosismo frutto di scale ed assoli non si va da nessuna parte. È il senso ritmico che da linfa vitale a tutto il resto, la base su cui poter coinvolgere chi ti ascolta. In fondo pensaci un attimo: batti il piede a tempo di musica sulle note di un assolo o su un *groove* tiratissimo?

È per questo motivo che preferisco concentrare i miei sforzi iniziali nello sviluppare il senso ritmico. Niente *fingerpicking*, almeno per un po'. Ogni tanto butto nella mischia qualche semplice melodia originale presa da *Play Uke* ma il più delle volte insisto nell'esecuzione di tempi semplici, dando modo ai miei ragazzi di fissare i nuovi accordi con più facilità. Lo faccio solo per non rendere la lezione monotona e per dare un accenno di cosa viene dopo.

Oltretutto una nozione molto importante su cui non credo ci si dilunghi mai a sufficienza è l'importanza di una pausa all'interno di una battuta musicale. Agli occhi di un neofita, suonare una nota o un accordo è relativamente semplice: basta premere dei tasti e scendere sullo strumento con la mano opposta. Saper gestire una pausa musicale è invece qualcosa di più complesso che spesso rappresenta uno spartiacque fra chi è in grado di riconoscere un andamento musicale e chi rantola nel buio; sapersi fermare ma al tempo stesso continuare durante le prime fasi a muovere il polso per non perdere il tempo, riuscire a contare e a distinguere quella brevissima pausa involontaria che intercorre fra una nota e la successiva per quelli che ancora non riescono a legarle. Non sono concetti semplici e a volte è bene accantonare addirittura lo strumento per fare dei semplici esercizi di coordinazione. In questo modo aiuti a fissare quegli insegnamenti e hai modo di renderti conto subito quali sono i tuoi alunni con più difficoltà.

Quello che dico sempre è che lo strumento, nel mio caso l'ukulele, rappresenta il punto d'arrivo di tanti fattori. Nella musica ritroviamo la nostra seconda voce andata perduta e coinvolgiamo noi stessi, la nostra coordinazione e la nostra mente come bagaglio di esperienze ed espressività musicale.

Una persona laureata in matematica non avrà troppi problemi nell'apprendere uno schema rigido su cui poter costruire uno strumming mentre un soggetto più creativo sarà più portato all'improvvisazione e meno disposto a farsi rinchiudere in una gabbia musicale. Un alunno timido e riservato potrebbe presentare all'inizio delle difficoltà di espressione ma dopo avergli dato qualcosa di semplice da suonare, potrebbe iniziare a costruirsi una propria coscienza musicale e prendere il volo verso tecniche sempre più avanzate. Ogni studente è differente e la difficoltà di una classe mista consiste quindi nell'affrontare argomenti che possano stimolare la curiosità di tutti i presenti. Il ritmo, con l'implicazione quindi di esercizi corporei e studi sullo strumento, è certamente uno di quegli argomenti da introdurre subito. Per favorire lo sviluppo del senso ritmico, potrebbe essere una buona idea aggiungere anche qualche esercizio di coordinazione. In quei momenti mi sembra sempre di ritornare alle elementari, quando facevamo i giochi di gruppo con le mani e i piedi.

In definitiva, ciò che ho capito è che insegnare l'ukulele non è nemmeno lontanamente paragonabile alle lezioni di pianoforte che davo ai bambini. I primi mesi di lezione sono la fase del corteggiamento in cui il nuovo studente prova a vedere se può nascere qualcosa di serio fra lui e l'ukulele. Io mi limito a fare da supervisore agli incontri, ben consapevole che il grosso del romanticismo si consumerà una volta tornati a casa, quando i ragazzi tireranno fuori dalle custodie la loro nuova fiamma. C'è ben poco di teorico e molto di pratico. O meglio, a dirla tutta di concetti teorici appaiono ma solo ed esclusivamente per guadagnare credibilità e far capire agli studenti il senso di ciò che stiamo facendo. La "pulce saltellante" nasce per via dell'incredibile velocità con cui viene suonata per cui c'è già una sostanziale differenza fra l'estensione sulle sette ottave di un pianoforte e un virtuosismo ritmico su un ukulele a due ottave. Non esiste nessuno studio ufficiale paragonabile alle Invenzioni di Bach o agli studi del Czerny ma soltanto un modo di suonarlo che a lungo andare potrà riverlarsi più appagante rispetto ad un approccio esclusivamente giocoso e per certi versi limitante. Per essere assolutamente rispettosi delle sue origini forse bisognerebbe lavorare un po' di più sulla velocità di strumming e stimolare il senso ritmico sin dalle prime fasi di apprendimento. Il senso di tutto, si riconduce al fare musica. Per quanto diverso e più colloquiale possa essere l'approccio del docente, sempre di musica stiamo parlando. Insegnare non dovrebbe essere un mestiere da tirare fuori nel momento del bisogno. Certo, può tornarti utile dare ripetizioni e mettere da parte qualche soldo extra. Più o meno tutti sono in grado di farlo ma potrebbe giungerti, prima o poi, il dubbio che tutto ciò che stai spiegando forse non venga recepito a dovere.

Non è assolutamente un caso raso, anzi è abbastanza frequente porsi la domanda quando arrivati al secondo mese di lezioni non noti miglioramenti significativi e qualcuno dal fondo ti chiede perplesso qual'era l'accordo di Fa maggiore.

Però c'è da aggiungere subito un'importante postilla onde evitare orde di docenti con complessi di inferiorità: non è colpa tua se a casa i ragazzi non si esercitano. Per quanto tu possa essere bravo nello stimolare la voglia e la curiosità di esercitarsi su quel pezzo nuovo, ne troverai sempre qualcuno con le giornate piene, preso da una valanga di preoccupazioni che magari vorrebbe mettersi a suonare ma semplicemente non trova il tempo. Il lavoro, la famiglia, lo studio, le riunioni, i viaggi, gli imprevisti. Più vado avanti e più mi rendo conto che i miei studenti a volte non conoscono mezze misure: o non hanno un cazzo da fare oppure non hanno nemmeno il tempo per respirare.

Insistere sul fatto che gli stai chiedendo pochi minuti al giorno non è molto sensato. Hanno appena iniziato a suonare uno strumento nuovo e per quanto tu possa tranquillizzarli facendogli vedere un insieme di piccoli granelli al posto di una montagna di sabbia, non hanno ancora la percezione reale di ciò che stanno facendo. Nella solitudine delle proprie case, molto spesso commettono l'errore - abbastanza umano - di "conoscersi" ed ipotizzare che non si tratterà solo di dieci minuti ma di svariate ore riempite con esercizi e frustrazione. Certo che si conoscono, sanno benissimo qual'è la loro attitudine verso le sfide che gli si presentano davanti ma questo per loro è un territorio nuovo, ancora inesplorato e le reazioni durante il percorso potrebbero essere diverse da come erano soliti immaginare. Dovrebbero essere più realisti e non arrogarsi il diritto di sapere come andrà a finire una volta imbracciato l'ukulele. Peccano di obiettività e in quei casi tu non puoi fare proprio nulla.

La bontà dei tuoi insegnamenti non va tanto verificata con gli ultimi della classe ma piuttosto con quelli che riescono a seguirti. Da lì puoi toccare con mano il frutto del tuo lavoro e scegliere se dedicare un po' più di tempo a quelli che stentano a tenere il passo oppure andare avanti e metterci una pietra sopra.

So già cosa risponderai e l'idea di lasciarli indietro probabilmente non ti piacerà ma stiamo parlando innanzitutto di classi collettive, in cui sei tenuto a tutelare prima di tutto il gruppo e soltanto in un secondo momento i singoli individui. Qualora decidessi di riversare maggiori attenzioni verso quelli che proprio non riescono a seguirti, preparati ad una lezione individuale ripartita per il numero dei tuoi discenti, cinque volte più faticosa e stressante. Soprattutto assicurati che alla base delle loro difficoltà ci siano dei motivi validi e una sana voglia di imparare a suonare, non semplicemente l'assenza di esercizio durante la settimana. Ovviamente do per scontato che i tuoi insegnamenti siano effettivamente validi e che tu abbia tenuto da parte almeno qualche alunno che confermi la bontà del tuo operato.

Per cercare di recuperarli potresti sempre incrementare le volte in cui si esercitano a gruppi, assecondare di più le loro richieste quando ci si troverà più in là a scegliere un pezzo da studiare tutti insieme ma te lo dico per esperienza diretta, senza nemmeno nascondere una nota di tristezza: la verità è che semplicemente non studiano.

Una vecchia pubblicità recitava il motto "prevenire è meglio che curare" quindi preoccupiamoci innanzitutto di tenere quel problema lontano dagli occhi e lontano dal cuore. Cerchiamo di capire il modo migliore per essere seguiti a lezione e fare in modo che mantengano alta l'attenzione anche durante il periodo in nostra assenza. D'altronde non siamo tutti uguali, c'è chi ha una mente più matematica e chi ragiona ignorando schemi precostituiti. Metterli d'accordo tutti non è mai semplice.

Molte volte, nel comunicare un concetto si corre il rischio di venire fraintesi. Credo che la causa maggiore sia dovuta ad una cattiva predisposizione all'ascolto, magari ad uno stato d'animo particolare o più semplicemente all'ascoltare solo quello che vogliamo sentire.

Una delle basi su cui fondo tutti i miei insegnamenti è il ripetere ogni concetto a più riprese, rischiando anche di diventare prolisso, in modi differenti. Fondamentalmente seguo sempre uno schema ben preciso:

Concetto espresso in maniera colloquiale

Cenni storici o teoria per aggiungere credibilità

Dimostrazione pratica

Ripetizione del concetto in maniera rigorosa

Esercitazione in classe

Non ti puoi sbagliare e allo stesso tempo metti la classe con le spalle al muro. Per iniziare, esprimo l'argomento in maniera semplice senza troppi giri di parole. Quasi sempre segue un riscontro teorico che costituisce il secondo punto e introduce una breve dimostrazione di ciò che sto spiegando. È questo il momento in cui solitamente si tirano fuori i taccuini e si fissa il concetto quindi non c'è più spazio per i giri di parole e le metafore ma si va dritti al punto con precisione per poi chiedere, in conclusione, agli alunni di provare con mano.

Attenzione alla velocità con cui spieghi: alcuni prenderanno appunti, altri guarderanno la lavagnetta o controlleranno le email ma in ogni caso, devi sempre mettere in conto che un concetto espresso lentamente arriverà con più efficacia e darà tempo sufficiente a chi ti ascolta per essere eventualmente trascritto.

È chiaro che lo schema appena proposto non va seguito alla lettera in qualsiasi circostanza. Potrà esserci l'occasione in cui ti limiti semplicemente a suonare oppure un altro momento in cui stai semplicemente facendo il riassunto della lezione tralasciando la dimostrazione pratica. Sta a te scegliere il modo migliore per proporre i tuoi argomenti al tuo pubblico, per entusiasmarlo e tenerlo in pugno catturandone l'attenzione sin dai primi istanti. Qualora ti definissi un gran comunicatore, avresti il terreno spianato e la facilità nel presentarsi ad una folla sicuramente giocherebbe a tuo vantaggio. Ma anche nel caso opposto riusciresti comunque ad ottenere discreti risultati a forza di fare pratica, la stessa che in fin dei conti chiedi anche ai tuoi alunni.

Un altro problema, di quelli che normalmente un docente impreparato non ammetterà mai, è che dopo un paio di mesi trascorsi a seguire gli stessi ragazzi, semplicemente non si sa più cosa dire.

Non ti nascondo che mi è successo anche a me che facendomi prendere dalla frenesìa di riempire i minuti con concetti validi, sparavo tutte le cartucce a disposizione in pochi incontri non tenendo conto delle esigenze del gruppo ma soltanto delle mie, un insegnante non troppo convinto dei propri mezzi.

Innanzitutto bisogna essere bravi nel saper leggere la classe: sono persone più portate verso il fingerpicking o verso lo strumming? Vorrebbero saper suonare subito arrangiamenti difficili o gli basta portare a casa un ritornello da strimpellare? Nella stragrande maggioranza dei casi, lo strumming sarà l'argomento che a lungo andare ripagherà di più. Per un concetto molto semplice: lo strumming è a tutti gli effetti senso del ritmo e come ho già avuto modo di scrivere poche pagine sopra, è la base che ci permette di veleggiare verso altri lidi. Senza il ritmo non si va da nessuna parte ed uno studente che non è in grado di riconoscere le pause dai momenti musicali, non sarà mai in grado di apprezzare la bellezza del proprio strumento e più in generale il concetto di fare musica. Si romperà le palle e tu non potrai farci proprio niente.

Non propongo ogni volta dei pezzi nuovi mentre è mia abitudine relegare parte della lezione ad uno strumming ben preciso, uno schema da studiare nel dettaglio che involontariamente potrà rivelarsi appropriato per diverse canzoni. Chiaramente, il fatto di saper riutilizzare questi concetti aldifuori dell'esercizio stesso è compito dello studente. È attraverso queste strutture che colgo l'occasione per introdurre altri concetti come le triplette o il chunk. Perché queste tecniche diventano improvvisamente funzionali al risultato e non restano mai sospese in aria come una scala su cui esercitarsi in maniera pedissequa. Saranno quasi costretti a prestare un orecchio di riguardo alla spiegazione perché altrimenti non riuscirebbero a migliorarsi.

Ringrazio ogni giorno chi di dovere per avermi fatto incontrare tanto tempo fa una maestra di pianoforte che mi mise subito davanti allo strumento, approfondendo la teoria direttamente sul campo. Oggi mi rendo conto che anche l'alunno di ukulele vuole innanzitutto suonare e la cosa migliore da fare per fornirgli una preparazione completa ed affidabile credo consista nell'aggiungere ogni volta un piccolo pezzo al mosaico. Ogni settimana tornerà a casa con uno strumming nuovo che col tempo diventerà sempre più complesso ed intrigante.

Sotto un punto di vista melodico, preferisco limitare le nozioni da tenere a mente mentre gli alunni si esercitano col ritmo. Scelgo soltanto gli accordi nelle posizioni di base ripetendo a più riprese che non è questo il momento per preoccuparsi della mano sinistra. Tuttavia, dopo un po' di tempo mi sembra logico aumentare il coefficiente di difficoltà ed è questo il momento in cui inizio ad introdurre nuove posizioni, accordi rivolti e ogni tanto qualche frase musicale, meglio detta *lick*, da integrare nei propri arrangiamenti.

Quando mi rendo conto che la classe ha già un piccolo repertorio, scelgo volutamente di soffermarmi su uno di questi pezzi per iniziare a lavorare nel dettaglio, cercando di assemblare una vera e propria orchestra di ukulele in cui ad ognuno spetta un compito ben preciso.

È questo il caso in cui un paio di alunni particolarmente portati per il fingerpicking arpeggerano la base melodica mentre altri, un po' più ritmici, detteranno il tempo con uno schema ritmico. Alcuni suoneranno le posizioni base ed altri invece si sposteranno più giù sulla tastiera per andare a giocare con altre posizioni. Alla fine il risultato sarà un arrangiamento complesso e il sorriso dei miei ragazzi che per la prima si ritroveranno all'interno di un progetto musicale coinvolgente, immediato e complesso al tempo stesso.

L'importanza di un saggio

So bene quanto a volte, possa essere stressante il pensiero di suonare davanti ad un estraneo. Mi ricordo ancora con terrore i miei primi saggi di pianoforte quando, da quindicenne ingenuo e pseudo-rockettaro, dovevo affrontare una sala da pranzo zeppa di genitori e parenti desiderosi di applaudire il proprio pargolo e slacciarsi la camicia. I saggi di fine anno capitavano sempre ai primi di Giugno e in quella stanza si vivevano temperature clamorose che avrebbero messo a dura prova anche i leoni della savana. I neo pianisti avevano silenziosamente sottoscritto un accordo per cui sarebbero rimasti seduti ai margini del pianoforte su un divano in pelle bianco, troppo stretto per contenerli tutti e troppo scomodo per far sembrare l'attesa dell'esibizione quantomeno sopportabile.

Dal canto mio, quell'invisibile pezzo di carta non l'avevo mai visto né tantomeno firmato quindi ero solito trascorrere quel paio d'ore in cucina, in compagnia di mio padre e una cameriera che appena mi intravedeva sull'uscio metteva a bollire una camomilla. Riemergevo in sala solo durante l'intervallo, un po' per assaggiare i pasticcini ed un po' per vedere che aria tirava. Era comunque un'aria nervosa che dava sfogo ai miei incubi peggiori che in una sequenza precisa ed ordinata non tardavano mai a chiedermi il conto. E se mi blocco? E se non riesco a sciogliermi? E se mi dimentico il pezzo? Oddio, come affronterò il silenzio? E se qualcuno si mette a ridere?

Non sono mai riuscito a suonare bene di fronte a quel plotone d'esecuzione borghese e disinteressato. Era uno schifo paragonato alle rapsodie che uscivano tutti i giorni dal pianoforte della mia camera. Di saggi non ce ne furono tantissimi e per mia fortuna, col passare del tempo e delle esibizioni in pubblico, il problema lentamente fece posto all'onesto divertimento nello stare sul palco, suonare e perché no... magari anche atteggiarmi un po'.

Non sottovalutare mai l'importanza di aggiungere uno spettacolo alla fine del corso. Nella nostra professione conta moltissimo la relazione con chi ti ascolta quindi credo sia ovvio mostrare ai ragazzi anche questo aspetto. È una prova importante che va a collocarsi alla fine del loro percorso di studi: prima dovevano imparare a suonare in aula davanti al docente, oggi imparano a suonare in un locale davanti al pubblico.

La scaletta da proporre per la prima volta, dovrebbe essere semplice. D'altronde fior fiori di professionisti portano sul palco capotasti per ritrovarsi a suonare il giro di Do in differenti tonalità, non vedo per quale motivo dovremmo complicare la vita ai nostri poveri studenti indifesi. Il tempo per "dimostrare" sarà un altro. Con un briciolo di pazienza, lungimiranza e tenacia si arriverà al punto in cui l'esibizione non costituirà più un problema da tenere sotto controllo ma solamente quella piccola scarica di adrenalina che precede quei cinque minuti prima di salire sul palco.

A tale proposito mi ricordo ancora di un concerto che feci a Trento nell'Estate del 2011. Si prospettava come una gran bella serata solo che iniziai ad avvertire una cosa che ormai, a fronte di migliaia di esibizioni in pubblico si era un po' affievolita: la tensione.

Mi ricordo che già un'ora prima, la gente aveva iniziato a prendere posto sotto il gazebo. La struttura era veramente bella: una platea di 200 posti a sedere all'interno di un convento adibito a biblioteca e centro studi. Mi avvicinai ad una ragazza dell'accoglienza per chiederle come stava andando la vendita di biglietti e da ciò che rispose arrivò il primo campanello d'allarme: tutto esaurito. Restai a fumare in buona compagnia e non ci volle molto per iniziare a tirare il mio repertorio di "argomenti compagnia", quelle battute sarcastiche che alle volte generano imbarazzo ma che in realtà, inserite in un contesto rilassato e giocoso ti aiutano a distrarti un po'. La mia preoccupazione era rivolta alle "teste bianche" sedute in prima fila. Avevo in scaletta "Come Together" dei Beatles, quel momento dello spettacolo in cui chiedevo al pubblico di alzarsi in piedi e battere il tempo e altri pezzi un po' più tirati rispetto all'atmosfera rilassante che forse le aveva condotte fino al concerto. Più passava il tempo e più vedevo i "nonni" in libera uscita che prendevano possesso dei posti migliori.

Ora, non voglio pensare che il divertimento conosca limiti d'età e anzi, sono profondamente convinto che un concerto di ukulele acustico strumentale si sposi poco in un Sabato sera ad un pub del centro, tuttavia non posso pensare che ci sia una partecipazione attiva di fronte ai classici di Madonna rivisitati sull'ukulele e qualche pezzo hard rock dei Beatles.

Andai a cena e semplicemente non ci pensai più. Conclusi le mie meditazioni sentenziando che alla fine sarei stato ugualmente pagato, male che vada avrei vissuto la serata come semplice manovalanza musicale e dimostrazione compassata del mio strumento. Poco prima di salire sul palco, mentre le luci della sera erano scese accendendo i fari sul palcoscenico e lo speaker spendeva un paio di parole sul mio conto, mi trovavo dietro un telo nero ai lati del palco a pregare tutti i santi inquilini in Paradiso, inclusi quelli minori un po' più ghettizzati nelle Sacre Scritture.

Conclusi la serata con uno dei primi autentici bagni di folla che ancora ricordo con i brividi dietro la schiena. Quelle persone diteggiate verso il calare del pomeriggio furono le prime a presentarsi sotto il palco pretendendo l'autografo sul mio CD e furono le ultime ad abbandonare quel posto mentre girandosi, continuavano a guardarmi con la coda dell'occhio.

Da questo aneddoto puoi trarre diverse conclusioni: la prima è in merito all'obiettività nel giudicare qualcosa che ancora non ti è dato sapere, a cui accennavo prima parlando dei neofiti che si avvicinano allo studio dello strumento. Non conosci ancora l'esito dei tuoi sforzi così come non hai ancora provato la sensazione che ti accompagnerà mentre sistemerai le dita per la prima volta sulla tastiera. La seconda è che a distanza di anni dalla mia prima esibizione al liceo, dai saggi che trascorrevo per la maggiorparte del tempo in cucina e dai Festival con centinaia e in qualche caso, migliaia di persone ero ancora quell'ingenuo quindicenne in preda al terrore fin troppo comune di dover rendere conto alle proprie ansie. La terza è che quando imbrocco la serata giusta, spacco proprio il culo.

L'importanza di un saggio di fine anno, di una serata passata a suonare di fronte a gente che non conosci, seduto dall'altra parte del palcoscenico a fare affidamento su tutto ciò che hai avuto modo di provare a lezione è un momento da includere assolutamente in qualsiasi corso degno di essere chiamato tale. È la musica che torna alle origini e che si fa ascoltare e puoi essere certo che con un ukulele fra le mani diventerà tutto più facile e per certi versi sorprendente!

Considerazioni a ruota libera

Quella sorta di appagamento nel riuscire a suonare un passaggio che prima non riuscìva, la felicità che ne consegue e il divertimento nel tornare a suonare il nostro strumento sono alla base di tutto. E figuriamoci! L'ukulele deve portare innanzitutto il sorriso sulla bocca di chi lo suona ma non credo che sia una prerogativa soltanto di chi suona la "chitarrina". La musica è divertimento e gioia a prescindere, non soltanto sull'ukulele. Piuttosto questo piccolo testo è stato scritto anche per chi vorrebbe trasmettere l'amore per il suo strumento e non vedo come possa essere possibile ritrovarlo fra le lezioni di un chitarrista che dopo aver capito come funziona, all'occorrenza si reinventa docente di ukulele.

Mi chiedo quanti di loro siano nati e cresciuti sulla "pulce saltellante" per poter infondere una sana passione a chi ha scelto di iniziare a suonarlo, con la consapevolezza di chi conosce lo strumento a fondo, sa come è nato e come è cresciuto, fra le risate di chi lo osservava in televisione e le orecchie attente di chi ascoltava artisti di nicchia più raffinati. Nemmeno io sono nato con l'ukulele. In effetti ho iniziato con il pianoforte, poi sono passato all'armonica diatonica, all'orchestrazione per finire poi alla batteria. Nel mezzo c'ho ficcato questo strumento che nel giro di poco tempo mi ha appassionato a tal punto da portarmi in giro per il mondo. Però nel mio percorso intravedo una sottile differenza agli occhi di molti ma che per me significa una montagna di spiegazioni dietro le quinte.

Io non so suonare la chitarra.

Non ci provare nemmeno a mettermela in mano perché il massimo che potrò fare saranno un paio di giri con accordi semplici che ad occhio e croce nemmeno ricordo bene. Potrò improvvisare qualcosa in funzione dei miei studi musicali e forse perché appartengo a quel gruppo di persone predisposte per la musica ma di certo non mi reputo un chitarrista. Non imbraccerò la sorella maggiore quando incontrerò i limiti delle quattro corde e di una tastiera forse un po' troppo corta. Continuerò a spingere sull'ukulele e a dirla tutta, è stato proprio questo l'aspetto che mi affascinava più degli altri sin dalle prime volte che lo toglievo dalla custodia.

Durante le mie lezioni insisto molto sulla logica. Lo ripeto sempre: cerca di approcciarti a questo strumento con criterio, scopri cosa si cela lì dietro ed i risultati arriveranno in maniera molto più naturale e cosa ancora più importante, si fisseranno in testa con estrema semplicità! Forse è per questo motivo che mi definisco un ukulelista, perché credo di essere riuscito a vedere lo strumento per quello che è provando in continuazione a trasmettere la gioia nel suonarlo a certi livelli. A volte ci riesco, altre volte no. Magari mi sbaglio e il mio discorso forse sembra un po' troppo estremo però nel panorama italiano attuale vedo molta confusione, eventi che vorrebbero fare del bene al nostro strumento ma che in realtà rischiano di abbracciare solo uno dei suoi molteplici lati nascosti continuando a tenere nell'ombra troppi aspetti: dagli ukulelisti seri e preparati che continuano a suonare nel buio delle loro stanzette a chi realmente riesce ad abbracciare uno stile di vita nuovo, più rilassato, forte prerogativa di questo strumento. Credo che questo succeda essenzialmente per pigrizia, per quell'attitudine al saper già tutto che ci porta ad arrangiarci con le informazioni ed i contatti che già abbiamo e ad indagare a piccole dosi sulle reali potenzialità di questo strumento. L'ukulele è la "chitarrina" e sappiamo bene quanto possa essere difficile aggiustare una convinzione popolare ormai consolidata e sempre più sulla bocca di tutti.

Purtroppo, dopo aver assistito a diversi festival di ukulele, mi rendo conto anche di un altro fenomeno che, eccezion fatta per l'evento annuale di Roy e Kathy Sakuma, purtroppo sembra essere diventato un'abitudine. Tutti sembrano essere eventi di settore, rivolti per lo più a gente che già suona lo strumento, in cui contiamo sulle dita di una mano le persone alla ricerca prima di tutto della buona musica. Quando non conto la settantina di ukulele sulle spalle del pubblico, sorrido di cuore nel vedere le speranze dei genitori che si augurano possa rappresentare un inizio per i propri figli. Ma sempre di inizio stiamo parlando, nello scetticismo di un regalo un po' più costoso come una chitarra, si ripiega sulla pulce saltellante sperando che possa catturare l'attenzione del pargolo, distogliendolo per qualche minuto dalla televisione accesa ventiquattro ore al giorno. Non dico che non ci debbano essere queste situazioni ma piuttosto preferirei che parallelamente ce ne fossero anche altre.

Se sei arrivato fino a qui forse converrai con me che l'ukulele è uno degli strumenti più adatti per i principianti, sia per chi decida di passare alla chitarra, sia per chi voglia approfondirne lo studio. È opinione piuttosto comune considerarlo come lo strumento del futuro per diversi motivi: la praticità, il suono non troppo invadente e come stavo giustappunto scrivendo, l'immediatezza nel suonarlo. Ma la riflessione più ovvia è che non lo diventerà mai finché continueremo a supportare festival rivolti a gente che già lo suona!

Sì, c'è bisogno di mostrare l'ukulele ai ragazzi, a chi vorrebbe iniziare a suonare uno strumento e a chi si sta semplicemente domandando cosa sia ma in maniera nettamente diversa sin dai primi istanti e dal canto mio, non mi sono mai circoscritto nel far vedere l'aspetto tecnico ma piuttosto anche lo stile di vita che rappresenta, la schiettezza delle proprie affermazioni e la semplicità per certi versi disarmante con cui le porto avanti. C'è bisogno di capire che dalla musica "seria" può anche scaturire un divertimento intelligente, un coinvolgimento più profondo e che tutto questo è possibile su un altro strumento, anch'esso musicale per definizione, come l'ukulele.

Si parla di strumento della pace, quasi ecumenico, ma talvolta ci dimentichiamo che prima di qualsiasi cosa è uno strumento… e basta! E riflettevo tempo fa su come l'ukulele potesse imporsi in mercati ben più ampi rispetto ai festival destinati ad ukulelisti - e basta.

Girovagavo per concerti, meeting, festival e ciò che le mie orecchie sentivano era musica d'aggregazione, un mucchio di persone sorridenti che agitavano nell'aria le pulci saltellanti come se finalmente avessero appagato le proprie aspettative musicali. Tutto ciò non poteva non riempirmi di gioia ma da infimo pensatore quale mi ritengo mi sono messo a scavare più a fondo e visto che la notte porta consiglio... e di notti ne sono passate tante, oggi vorrei scoprire l'altro lato della medaglia, quello che appartiene a chi passa disinteressato davanti ad uno di questi eventi e tira dritto per raccontare agli amici di uno strano e simpatico episodio folkloristico in cui si è imbattuto dieci minuti prima. Mi pongo un attimo aldifuori nei panni di quel passante capitato lì per caso che ignora completamente cosa stia succedendo. Probabilmente scherzerò con i miei amici e apprezzerò la giocosa situazione, la moltitudine di ukulele sparsi fra il pubblico e una musica "strana" che fa ridere e ballare. Tornerò a casa con un bel ricordo ma nel commentare la bella serata, forse concluderò aggiungendo "Non scherziamo: la musica è una cosa seria".

Ragazzi non fraintendetemi: io amo questo strumento e chi sceglie di suonarlo non può non starmi simpatico a prescindere. Tuttavia la musica che esce fuori dall'ukulele molte volte è frutto dell'estrema semplicità con cui ci si approccia e tutto ciò non può e non deve essere nocivo nei confronti di chi la musica sceglie di studiarla e suonarla di pari passo. Anche perché il mondo è pieno di gente che sceglie di suonare un ukulele e che lo presenta agli altri per la sua immediatezza e semplicità al punto tale che oggi si pensa sia solo questo.

Il fatto è che è semplicissimo da suonare. Molto spesso finisce nelle mani di chi vuole solamente "iniziare" a suonare qualcosa e non ha la voglia di andare oltre, altrimenti avrebbe scelto un altro strumento che per stupide convinzioni viene ritenuto più nobile.

E quindi ripenso a quelli di passaggio che assistono ad un "happening" di ukulele. Come reagiranno? Non che me ne sia mai fregato più di tanto delle opinioni della gente... anche perché sennò non mi troverei qui. Però credo di intuire più o meno le loro reazioni che passano dal "che carino!" al "che cazzata!" che non sono altro che i commenti sparsi di internauti lasciati sui forum e su yahoo answers. Il punto è che la considerazione generale che la gente ha di questo strumento nasce soprattutto da questo. Non dagli incontri di ukulelisti che sembrano vedere la luce fra di loro non curanti del buio pesto aldifuori. Nasce da quelli che li descrivono. L'ukulele conquisterà il mondo quando riuscirà ad illuminarlo e non posso che essere terrorizzato da come innumerevoli volte sono gli ukulelisti stessi, o chi pretende di scoprire mercati che non ha ancora capito, a disinteressarsene completamente. Qui dentro l'*ohana* è molto accogliente, ti coccola e ti fa sentire speciale, ma più che famiglia mi sento di etichettarla come "setta degli ukulelisti estinti" in cui ritrovo un enorme desiderio di alzare la voce, di ridere, di scherzare ma al tempo stesso un'immensa arroganza intellettuale nei confronti di chi questa voce non la parla e un modo di fare che non c'entra assolutamente nulla con l'*Aloha Spirit* e con tutto ciò che ne consegue.

Per le caratteristiche che ho appena elencato in queste poche pagine, credo che l'ukulele si presti facilmente a migliaia di interpretazioni. È uno strumento completo, semplice da strimpellare ma difficile da padroneggiare. Ti terrà compagnia in macchina e durante le giornate in cui ti andrà di suonare qualcosa. Trattalo bene e vedrai che lui farà altrettanto. Ma più di tutto, spero ti insegnerà a vivere con una prospettiva diversa, a prendere le cose dal verso giusto e a sapere aspettare, rallentare ed eventualmente fermarsi un attimo, laddove sia possibile.

Poco tempo fa è uscito l'ultimo disco di Eddie Vedder, "Ukulele Songs", e credo che la gente sia stata presa semplicemente in contropiede. Esperti di musica, gente che il più delle volte si autoproclama tale, si sono lanciati in recensioni ambigue riempiendosi la bocca di paroloni a volte anche sgradevoli ma la verità è che hanno palesato un estremo tradizionalismo e la voglia di non accettare nuovi componenti nella loro idea di musica "moderna". Proprio loro che dovrebbero essere i primi ad accettare delle innovazioni in un panorama musicale stantìo ed addormentato. Mettersi a recensire un ukulele e sottolineare la stranezza di arrangiamenti a due voci in cui ci sarebbe stata meglio una chitarra "vera" PERCHE' SI è semplicemente da poveri coglioni. E la parola che ricorreva spesso era appunto... la chitarrina. Se dovessi esprimere un parere su "Ukulele Songs" sarebbe ambiguo: da un lato mi ritroverei a commentare gli arrangiamenti, le scelte stilistiche, i testi e le melodie col risultato assolutamente in linea con altri dischi che mi piacciono. Sì, è un bel lavoro, ci sono un paio di pezzi interessanti e altri di cui forse potremmo fare a meno. Ma la forza di quell'album probabilmente è un'altra e non credo sia stata capita o tantomeno apprezzata, dai critici del settore. È un disco hawaiiano in tutto e per tutto. Lo ascolto e mi rivedo ad aspettare l'autobus a Lahaina, noncurante del tempo che passava e visibilmente appagato dal non fare niente, in nessun posto in particolare, senza niente a cui pensare. È un disco che ti porta a rallentare e a fermarti un attimo, a non essere giudicato per quello che non c'è ma solo per un pensiero che si nasconde nel suono delle quattro corde ed eventualmente potrebbe esserci.

Riferimenti

Luca "Jontom" Tomassini

http://jontom.net

YOUkulele

http://youkulele.com

Graphic design & Photography: Luca "Jontom" Tomassini
Finito di scrivere nel Giugno 2012

www.ingramcontent.com/pod-product-compliance
Lightning Source LLC
Chambersburg PA
CBHW070203290526
45789CB00002B/898